nuttela

Schirel
und die Kinder aus Jerusalem

Krista Gerloff

illustriert von
Františka Goodenough

concepcion SEIDEL OHG

Bibliografische Information der Deutschen Nationalbibliothek
Die Deutsche Nationalbibliothek verzeichnet diese Publikation in
der Deutschen Nationalbibliografie; detaillierte bibliografische Da-
ten sind im Internet über http://dnb.ddb.de abrufbar.

Gerloff, Krista
Schirel und die Kinder aus Jerusalem

© 2020 by concepcion SEIDEL OHG, Hammerbrücke
08262 Muldenhammer

Bilder auf dem Vorsatz: Gabriel und Naomi Goodenough

Gesamtherstellung: concepcion SEIDEL OHG,
Satz- und Digitaldruckzentrum, Hammerbrücke,
08262 Muldenhammer

Best.-Nr.: 644.200
ISBN 978-3-86716-200-5

Liebe Kinder!

Ich werde euch von einer besonderen Stadt in einem besonderen Land erzählen. Das Land heißt Israel und die Stadt heißt Jerusalem. Da wohne ich. Ich hoffe, dass euch meine Erzählungen gefallen. Wenn ihr etwas nicht versteht, fragt ruhig eure Mama oder Papa. Fragen ist bei uns in Israel sehr wichtig. Jedes Jahr feiern wir ein großes Fest – das Passafest. Dabei sprechen wir über vier Kinder. Eins von ihnen weiß gar nicht, wie es fragen soll. Das ist wirklich arm dran![1]

Schirel

Wir leben in Israel

Ich heiße Schirel, bin zehn Jahre alt und gehe in die vierte Klasse. Ich habe eine tschechische Mama, aber wir leben in Israel. Hier redet man in einer uralten Sprache, die heißt Hebräisch. Alle Namen auf Hebräisch haben eine Bedeutung. Auch mein Name ist Hebräisch. Den haben mir meine Mama und mein Papa gegeben, weil er ihnen gefallen hat. Schirel sind eigentlich zwei Wörter: *Schir* und *El. Schir* bedeutet „Lied" oder „Gedicht". Das passt zu mir, weil ich sehr gerne singe. Oft erfinde ich meine eigenen Melodien und singe zum Beispiel über meine Tiere. Meine Mama sagt, dass sie es sehr mag, wenn sie meine Stimme hört. Sie weiß dann: Ich bin da und ich bin fröhlich. Der zweite Teil meines Namens – *El* – bedeutet „Gott". Deshalb heiße ich eigentlich „Lied Gottes".

Am gleichen Tag wie ich, im gleichen Krankenhaus wie ich, wurde auch ein Junge geboren. Meine Mama war mit seiner Mama im Zimmer. Seine Eltern gaben ihm den Namen *El Chai* – Gott lebt. Ich kenne ihn. Wir besuchen uns gegenseitig. Und einmal waren wir zusammen im Zoo.

El findet ihr in vielen Namen. Auch im Namen von unserem Land Isra-el. Und auch in dem Namen von meinem Schulkamerad Gabriel. Alle nennen ihn aber Gabi. Manchmal sprechen wir in der Klasse über unsere Namen. Unsere Lehrerin fragt immer, wenn ein Kind Geburtstag hat, was sein Name bedeutet. Und das Geburtstagskind soll zu Hause seine Eltern fragen, warum sie ihm gerade diesen Namen gegeben haben.

גבריאל

Gabriel

Michael

מייכאל

ליאורה

אורה

Ora

ישראל

Liora

Israel

תופק בן

אופק בת

Ofek Ben

Ofek Bat

שיראל

Sirel

Über den Namen Gabriel sagte sie uns, dass es ein Name von einem Engel in der Bibel ist und „Held Gottes" bedeutet. Und dass Gabriel genauso wie Michael ein großer und starker Engel ist, der kämpfen kann und seine Feinde besiegt. Einmal ging ich mit Mama in eine Kirche. Dort habe ich sehr viele pummelige Engel gesehen. Sie sahen aus wie Babys mit Flügeln. Was uns unsere Lehrerin erklärt hat, passt viel besser. Gabi ist wirklich kein Engelchen.

„Mama, erinnerst du dich an die Engelchen in der Kirche?", fragte ich Mama, als ich von der Schule nach Hause kam. „Unsere Lehrerin hat uns gesagt, dass Engel groß und stark sind. Und stell dir vor: Gabi, also Gabriel, ist ein Name von einem Engel!"

„Ich weiß", sagte Mama. „Erinnerst du dich an Gabriella? Sie hat ihren Namen ändern lassen. Sie sagte, dass sie zu viel Schweres erlebt hat und dass sie nicht mehr kämpfen und schwere Sachen überwinden möchte. Ich denke aber, dass sie eigentlich ganz tapfer ist und dass sie ihren Namen ruhig hätte behalten können."

„Und wie heißt sie heute?", wollte ich wissen.

„Heute heißt sie Ora", sagte Mama. „Das bedeutet: ‚Zum Licht'. Das ist auch ein schöner Name. Was denkst du?"

„Ja, aber Liora ist schöner!", sagte ich.

Liora heißt die Direktorin unserer Schule, die wir sehr mögen. Jetzt muss ich euch noch sagen, wie meine beste Freundin heißt. Sie heißt Ofek. Sie ist etwas kleiner als ich und hat dunkelbraune Haare und braune Augen. Ihr Name bedeutet „Horizont". Wenn unsere Lehrerin sie rufen möchte, muss sie „Ofek *Bat*" sagen. So versteht meine Freundin, dass sie gemeint ist. Wir haben nämlich in der Klasse auch einen Jungen, der so heißt. Den ruft sie „Ofek *Ben*". *Ben* heißt „Junge" und *Bat* „Mädchen". Es heißt aber auch „Sohn" und „Tochter". Das ist doch klar, jedes Mädchen und jeder Junge ist doch auch ein Sohn oder eine Tochter.

Warum mein Bruder Ruben Ruben heißt

Ich habe vier ältere Geschwister. Ruben ist dreizehn Jahre alt, Zippi siebzehn und Samuel neunzehn. Meine älteste Schwester Maja ist schon 22. Ich habe auch einen großen, weißen, wuscheligen Hund. Er heißt Fero. Das ist ein slowakischer Name. Fero ist ein slowakischer Hirtenhund.

Meine Mama erzählt gerne. Und ich eigentlich auch. Einmal hat sie uns erzählt, warum unser Bruder Ruben Ruben heißt. Bevor er auf die Welt kam, war sie mit einem anderen Baby schwanger. Sie freute sich sehr auf das neue Baby und hatte schon geplant, wo sie sein Gitterbett hinstellt.

Als sie zur Kontrolle ging, legte ihr der Arzt so eine Art Hörer auf den Bauch. Damit kann man das Herz von einem ganz winzigen Baby im Bauch der Mama hören. Der Doktor hörte aber diesmal gar keinen Herzschlag. Er legte den Hörer noch einmal hin, aber wieder konnte er nichts hören. „Mit Bedauern muss ich Ihnen sagen, dass ich gar keine Herztöne höre", sagte er zu Mama. „Aber ich schicke Sie noch zum Ultraschall." Beim Ultraschall, wo man das Baby nicht nur hören, sondern auch sehen kann, teilten sie unserer Mama eine ganz traurige Nachricht mit. Sie sagten, dass das Baby, auf das sie sich so freute, nicht mehr lebt.

Bevor sie uns das gesagt hatte, wusste ich gar nicht, dass ein Baby bei einer Mama im Bauch sterben kann. Mama war damals sehr traurig. Immer, wenn sie jemand mit einem Kinderwagen gesehen hat, hat sie fast geweint. Und sie hat sich selbst versprochen, dass, wenn sie nochmal einen Jungen bekommt, dieser dann Ruben heißen soll. Ruben heißt: „Schaut mal – ein Sohn!" Meine Mama bekam dann tatsächlich ein Jahr später meinen Bruder Ruben. Und drei Jahre später dann mich!

Wie mich Mama fast vertauscht hat

Ich bin blond, habe blaue Augen und helle Haut. Aber als ich geboren wurde, in einem großen Krankenhaus in Jerusalem, habe ich nicht viel anders als die anderen jüdischen und arabischen Babys ausgesehen. Ich hatte damals schwarze Haare und dunkle, etwas gelbliche Haut. Mama hat mich deswegen fast vertauscht. Wie es war, hat sie mir einen Tag vor meinem zehnten Geburtstag erzählt, als wir miteinander beim Mittagessen saßen.

„Es war im Krankenhaus, als ich dich früh am Morgen zum Stillen mitnehmen wollte. Ich war müde, weil du in der Nacht geboren wurdest. So schnappte ich mir einen Wagen mit so einem dunklen Baby. Aber eine Schwester hat mich aufgehalten: ‚Sind Sie sicher, dass es Ihres ist? Dieses große Baby?‘, fragte sie. ‚Ja!‘, antwortete ich. Weil du von allen Kindern mein größtes Baby warst!

Aber die Krankenschwester ließ nicht locker: ‚Lassen Sie uns lieber nachschauen!‘, sagte sie und schaute auf das Plastikband, das an deinem Händchen befestigt war. Da wurde klar, dass dies ein fremdes Kind war. So hat mich die Schwester daran gehindert, einen Muchammad oder eine Rut zu stillen",[1] lachte Mama.

„Ist das echt passiert, Mama?", wunderte ich mich. „Hättest du mich wirklich vertauscht? Hatte ich wirklich schwarze Haare?"
„Ganz schwarz!", sagte Mama.
„Erzähle noch etwas anderes!", bat ich. „Wie war es, als ich geboren wurde?"
„Ein anderes Mal", sagte Mama, „sonst komme ich heute zu gar nichts mehr! Ich möchte jetzt deinen Geburtstagskuchen backen, da kann ich nicht nebenher erzählen. Sonst verwechsle ich noch den Zucker mit Salz oder ich vergesse den Zucker ganz und gar, wie es mir schon mal passiert ist. Eine Fast-Verwechslung reicht", meinte Mama und lachte.

Unser Kindergarten

Als ich noch klein war und mit Mama zu Hause war, wollte ich immer wissen, was Ruben im Kindergarten den ganzen Vormittag macht. Mama und ich brachten ihn jeden Morgen dorthin. Wir waren sehr gute Freunde und ich vermisste ihn.

Sehawa, seine Kindergärtnerin, sagte dann einmal: „Schirel, komm doch morgen einfach mal mit und probiere den Kindergarten aus!"

Ich war ganz aufgeregt, als ich an dem Tag auch einen kleinen Rucksack packen durfte. Darin war mein Vesperbrot. Mama erzählte mir später, dass ich mich im Kindergarten sofort auf den Boden setzte, meinen Rucksack öffnete und anfing zu essen. Woher sollte ich auch wissen, dass es dazu nur eine bestimmte Zeit gibt, in der alle Kinder essen, und dass sie sich dazu an Tische setzen?

An einem besonderen Tag durfte ich zusammen mit Ruben noch einmal hingehen. Es war am *Purim*-Fest. Da gehen nämlich alle Kinder verkleidet in die Schule und in den Kindergarten. Ich durfte auch verkleidet in den Kindergarten mitgehen. Ich hatte ein süßes Schildkrötenkostüm an. Ruben verkleidete sich als Polizist. Mama fotografierte uns natürlich. Ich habe bis heute ein Foto, auf dem eine kleine grüne Schildkröte einen Puppenholzwagen im Kindergarten schiebt. Das war ich! Na ja, klein. Für eine Schildkröte war ich eigentlich zu groß, aber für ein Kindergartenkind noch zu klein.

Als ich groß genug war, um auch in den Kindergarten gehen zu können, sagte meine Mama: „Schirel kann noch nicht gut genug Hebräisch. Außerdem ist sie meine Kleine, mein letztes Kind. Ich möchte sie noch zu Hause behalten."

Ich habe meiner Mama viel geholfen: mit der Wäsche und in der Küche. Ich hatte eine kleine Puppenbadewanne. Die benützte ich als Wäschekorb. Gemüse schneiden gefiel mir ganz besonders. Dafür hatte ich ein Kindermesser mit einer Ente drauf.

Außerdem gingen wir immer miteinander einkaufen. Als wir einmal auf dem Weg vom Supermarkt am Kindergarten vorbeikamen, sahen wir Kinder im Hof spielen. Da sagte ich: „Ich möchte in den Kindergarten gehen, aber du meldest mich nicht an!" Mama hat mich dann doch angemeldet. Später, als ich morgens keine Lust hatte, aus meinem Bett rauszukommen, erinnerte ich mich daran und dachte: ‚Wie war ich damals doch dumm!'

Wie wir im Kindergarten Brot gebacken haben

In Israel geht man jeden Tag in den Kindergarten, nur nicht am *Schabbat*, dem Samstag. Am Anfang brachte mich Mama nur vier oder fünf Tage in der Woche hin. Am ersten Tag sagte sie gleich zu unserer Erzieherin Sehawa, dass ich kaum Hebräisch kann. Als sie dann kam, um mich abzuholen, sagte Sehawa zu ihr: „Natürlich kann Schirel Hebräisch!"

Als ich mitkriegte, dass am Freitag im Kindergarten *Schabbat*-Brote gebacken werden, wollte ich auch am Freitag unbedingt hin. Das *Schabbat*-Brot heißt *Challa*. Das Besondere daran ist, dass es das nur an Festtagen gibt. Es ist ein geflochtenes Brot, wie aus Zöpfen. Der untere Teil wird aus vier Teigschlangen gemacht, der Mittlere wie ein richtiger Zopf aus drei Teilen und der obere aus zwei langen Teilen.

Weil wir im Kindergarten sehr viele Kinder waren, hatte Sehawa eine Helferin. Die hieß Orli. *Or-li* sind auch zwei Wörter, wie in meinem Namen, und bedeuten „mein Licht". Sehr viele Namen haben bei uns das Wort Licht – *Or* – drin.

Orli brachte jeden Freitag zwei Packungen Mehl und bereitete für uns den Teig zu. Dann ließ sie ihn stehen, damit er aufgehen konnte. In der Zeit durften wir spielen, was wir wollten. Die meisten Kinder vergaßen dann den Teig ganz. Aber ich nicht. Ich ging ein paarmal hin und schaute unter das Tuch, ob unser Teig schon aufgegangen war.

Endlich rief Orli: „Kinder, Hände waschen!"

Danach bekam jedes Kind ein Stück Teig, und wir durften daraus Brötchen flechten. Wie gut es im Kindergarten immer gerochen hat, wenn wir diese Brötchen gebacken haben! Und wie schön goldbraun sie waren, als Orli sie aus dem Ofen rausgeholt hatte. Dann hatten wir im Kindergarten eine *Schab-*

bat-Feier. Jede Woche durfte ein Mädchen zwei Kerzen anzünden und ein Junge durfte den Wein und das Brot segnen. Unser Wein war ein Traubensaft.

Ich wartete ungeduldig, bis ich endlich an die Reihe kam. Dafür kaufte mir Mama ein weißes Kopftuch, das ich vor dem Kerzenanzünden aufsetzen musste. Ich war dann „die Mama des *Schabbats*". Der Junge, der dran war und „Papa des *Schabbats*" war, hatte auf dem Kopf ein gestricktes, flaches Käppchen, eine *Kippa*.

Wenn ich das frische Brötchen nach Hause brachte, wollte jeder kosten. Alle fragten mich: „Schirel, darf ich von deiner *Challa* probieren?" Ich habe dann jedem nur ein kleines Stück gegeben. Sonst wäre für mich gar nichts übrig geblieben. Es war ja kein großes *Schabbat*-Brot, sondern nur ein *Schabbat*-Brötchen. Stellt euch vor, wenn jedes Kind ein ganzes Brot nach Hause bringen wollte! Wie viel Teig müsste Orli dann machen? So eine große Schüssel hatten wir im Kindergarten gar nicht.

Wie wir im Kindergarten das *Chanukka*-Fest gefeiert haben

Als das *Chanukka*-Fest näherkam, sagte Sehawa, dass wir im Kindergarten eine Feier haben werden, zu der wir unsere Eltern einladen dürfen. „Und jetzt hört schön zu", sagte sie und schaute bedeutungsvoll in die Richtung von Zachi und Eden, die unruhig auf ihren Stühlen hin und her rutschten. „Ich werde euch eine Geschichte erzählen: Vor langer, langer Zeit stand in unserem Tempel, hier in Jerusalem, ein wunderschöner goldener Leuchter. Er hatte sieben Arme und auf jedem der Arme einen Kelch. In die Kelche gossen die Priester reines Olivenöl, damit die Dochte schön brannten und in die Dunkelheit leuchteten. Jeden Abend wurde der Leuchter von den Priestern angezündet, damit er den Tempel in der Nacht beleuchten konnte. Dieses besondere Öl wurde in kleinen Krügen aufbewahrt.

Einmal sind in den Tempel Räuber eingedrungen. Es waren böse griechische Soldaten. Sie stahlen den schönen goldenen Leuchter und die Schüsseln. Alles, was nicht aus Gold war, zerschlugen sie, so auch die Tonkrüge mit dem Olivenöl. Ganz in der Ecke war ein kleiner Krug mit Öl. Er fing an, inbrünstig zu beten: ‚Herr, ich habe solche Angst, dass sie mich auch zerschlagen. Wenn du mich verschonst, werde ich dir immer dienen!'

Und tatsächlich – den kleinen Krug in der Ecke bemerkten die Soldaten nicht. Sie verließen den Tempel mit ihrer Beute und es wurde ganz still. Der Krug blieb dort ganz allein im Dunklen. Der Leuchter war weg. Kein Priester kam mehr. So blieb es eine lange Zeit. Eines Tages hörte der kleine Krug wieder Schritte. Er fing an zu zittern. Er dachte, dass wieder die Soldaten kommen. Aber es waren nicht die bösen griechischen

Soldaten, es waren die jüdischen Priester. Sie machten sich daran, die kaputten Mauern zu reparieren und den Dreck hinauszutragen, und dabei sangen sie ganz schön. Es dauerte viele Tage, auch wenn die Arbeit ihnen gut von der Hand ging. Den kleinen Krug bemerkte niemand.

Dann kam der Tag, an dem zwei Priester, Juda und Jonatan, einen neuen siebenarmigen Leuchter brachten. Er war ganz aus Gold! Alles wurde für ein großes Fest vorbereitet. Für die Neueröffnung, die Wieder-Einweihung des Tempels – die wir *Chanukka* nennen. Doch erst jetzt merkten sie, dass sie gar kein gereinigtes Öl hatten, um den Leuchter anzünden zu können. Da sagte Jonatan: ,Wir haben schon alle eingeladen. Das ganze Volk ist versammelt. Aber so ein Öl zuzubereiten dauert acht Tage. Was machen wir nun?' Juda sagte: ,Ich schaue mich noch einmal um.' Bald danach hörte man seine fröhliche Stimme: ,Ich habe einen Ölkrug gefunden. Er ist noch versiegelt!' Es war, liebe Kinder, unser Krug!

In einem solchen Krug war gerade genug Öl für eine Nacht. Deswegen entschieden sich Juda und Jonatan zu sparen. Sie füllten in die Kelche nur wenig Öl und zündeten dann die Dochte an. Der Tempelraum wurde mit einem warmen Licht erfüllt. Der goldene Leuchter strahlte. Und denkt euch, das Öl wurde nicht weniger! Es brannte bis zum Morgen. Und so war es jeden Tag, acht Tage lang. Mit dem Öl im Krug ist ein Wunder passiert", beendete Sehawa ihre Erzählung.

„Was denkt ihr, Kinder", fragte sie uns, „hat der Herr das Gebet von dem Krug erhört?"

„Jaaa!", riefen wir alle durcheinander.

„Und hat der Krug sein Versprechen gehalten?", fragte sie uns weiter.

„Jaaa!", riefen wieder alle.

„Und wie!", sagte Sehawa. „Dank diesem Krug ist das Fest der Tempeleinweihung gelungen. Und jetzt sagt mir noch, Kinder: Wer hat das Wunder getan? War das ein Zauberkrug oder ein ganz gewöhnlicher Krug?"

„Ein Zauberkrug!", riefen die einen.

„Ein gewöhnlicher Krug!", riefen die anderen.

„Psst, Psst!", musste uns Sehawa beruhigen. „Liebe Kinder, es war ein ganz gewöhnlicher Krug, der sich in den Dienst Gottes gestellt hat. Gott hat das Wunder getan! Es ist unser Gott, der Gott Israels, der Wunder tut! Und jetzt kommt! Wir müssen anfangen zu üben, damit wir bis zur *Chanukka*-Feier alles schön gelernt haben."

Dann sangen wir ein fröhliches Lied:

Kleiner Krug, kleiner Krug,
es war gar kein Lug und Trug.
Alle haben es gesehen
hier ist ein Wunder geschehen.

Als das ganze Volk betete,
er sich neu mit Öl füllte.
Es war ein Wunder, sagten sie,
in den Tempel eilten sie.

Kleiner Krug, mit Öl gefüllt,
brachte allen neues Licht.
Jedes Kind, wenn auch ganz klein,
ist ein großes Licht daheim.

„Ihr seid alle meine kleinen Lichter", sagte Sehawa und gab Zachi, der gerade neben ihr stand, einen schmatzenden Kuss auf die Wange.

Danach übten wir noch ein Lied. Darin hieß es, dass jeder von uns ein kleines Licht ist, aber dass wir alle zusammen stark sind – ein starkes Licht. Und dass wir gekommen sind, um die Dunkelheit zu vertreiben.

Sehawa und Orli setzten uns Papierkronen auf, auf denen eine Kerze abgebildet war. Sie waren nicht aus einem gewöhnlichen Papier. Wenn man das Licht ausmachte, leuchteten sie im Dunklen. Wir freuten uns sehr darauf, dass unsere Eltern kommen und dass dann im ganzen Kindergarten das Licht aus ist und wir mit unseren Lichtkronen leuchten werden.

Schade, dass unsere Geschwister zu unserer *Chanukka*-Feier nicht kommen durften. Aber wenn jeder von uns alle seine Brüder und Schwestern mitbringen würde, würden wir nie alle in den kleinen Kindergartenraum passen, wo unsere Mamas und Papas auf unseren kleinen Stühlchen und wir auf dem Boden sitzen mussten.

Als der große Tag endlich kam, hieß Sehawa alle herzlich willkommen. Dann führten wir unseren Eltern all die schönen Lieder und Tänze vor, die wir so lange geübt hatten. Die Mamas und Papas kannten die Lieder auch und sangen und klatschten mit uns.

Am Ende sang ein Papa einen besonderen Segen und zündete die erste Kerze am *Chanukka*-Leuchter an.[3] Einen Segen nennen wir dieses Gebet: „Gesegnet seist du, Herr, unser Gott, König der Welt, dass wir diese Zeit erleben dürfen." Dann brachte Orli zusammen mit ein paar Müttern, die mithalfen, große Tabletts voll mit guten Krapfen, und jeder von uns bekam einen süßen, in Öl gebratenen, mit Marmelade gefüllten und mit Puderzucker bestreuten Krapfen.

Ja, im Kindergarten wird gefeiert

Eines Tages, als es draußen so heiß war, dass man überhaupt keine Lust hatte, aus dem Haus zu gehen, schaute ich mir das Familienalbum an. Es hat mehrere Teile und fängt mit der Geburt meiner großen Schwester Maja an. Es dauerte eine Weile, bis ich zu dem Teil kam, wo es auch Bilder von mir gibt. Wenn Papa manchmal erzählt, wie unsere Familie mit dem Auto und mit dem Schiff nach Deutschland gereist ist, frage ich: „Und wo war ich?"

„Du warst noch nicht auf der Welt!", antworten dann alle und lachen.

Als ich dann zu dem Teil kam, wo ich schon auf der Welt war, entdeckte ich ein Bild, wie ich in einem schönen Kleid mit meinem Papa tanze. Das war ein Bild von meiner Geburtstagsfeier! Mein Papa tanzt sonst nie! Das machte er nur mir zuliebe. Ich hatte es schon ganz vergessen, aber es war so schön, daran erinnert zu werden.

Auch Mama tanzte mit mir, als ich klein war. Es gibt dazu ein Lied: „Ein Schritt nach hinten, ein Schritt nach vorne, seht mal, wie ich mit meiner Mama tanze ..." Mama heißt auf Hebräisch *Imma*. Dann reimt sich dieses Lied. „Nach vorne" heißt nämlich *kadima*. Papa heißt auf Hebräisch *Abba*. Ich nenne meinen Papa manchmal Papa und ein anderes Mal *Abba*. Meine Mama nenne ich manchmal Mama und andere Male *Imma*. Es kommt darauf an, ob ich mit ihnen gerade Deutsch oder Hebräisch spreche. Im Kindergarten haben wir natürlich Hebräisch gesprochen und gesungen.

Ich war damals ganz süß und hatte ein Prinzessinnen-Geburtstagskleid an. Mama hatte einen Kuchen gebacken. Obendrauf hatte sie aus Esspapier ein Bild von Aschenputtel in ihrem Ballkleid gemacht. Aschenputtel hatte blonde Haare, wie ich, und ein blaues Kleid, genau wie ich. Sehawa bat Mama, allen Kindern etwas Schönes über mich zu sagen.

Mama erzählte dann, dass ich, wie Aschenputtel, ganz fleißig bin und zu Hause die lange Treppe fege und ihr auch sonst helfe. Dann spielten wir verschiedene Spiele. Danach bekam ich ein selbstgemachtes Buch, in das jedes Kind etwas Nettes gemalt hatte und seinen Namen hineingeschrieben hatte. Im Kindergarten lernt jeder, seinen Namen zu schreiben. Meinen Namen schreibt man so:

Wie wir ein Theaterstück gespielt haben

Sehawa schnitt mit uns Figuren aus Papier aus. Die klebten wir an Hölzchen und spielten damit Puppentheater. Und zwar zu den Geschichten, die sie uns erzählte. Einmal gab sie uns ein festes Papier, auf dem drei Kätzchen abgebildet waren. Sie sagte, dass wir die Kätzchen ausmalen und ausschneiden sollen. Zwei von ihnen hatten Kleidchen an und sahen wie Katzenmädchen aus. Ich malte das Kleid von der einen Katze rot und das Kleid von der anderen grün aus. Ofek machte ihren Katzen rosa Kleider. Aber ich habe rosa noch nie gemocht.

Die dritte Katze war ein Kater. Dem malten wir beide ein rotes T-Shirt und eine blaue Hose. Dann schnitten wir die Kätzchen aus, und Sehawa half uns, sie an Hölzchen festzumachen. Sie selber hatte auch drei Papierkatzen. Mit ihnen führte sie uns ein Theaterstück vor. Eines von den Katzenmädchen hatte so eine süße Stimme und gab dauernd an. Es sagte: „Ich habe das schönste Fell von allen." Und: „Ich bekomme zu Hause Sahne, nicht nur gewöhnliche Milch!" Es erzählte auch, dass es zu Hause bei den Kindern im Bett schlafen darf. Das zweite Katzenmädchen war deswegen sehr traurig. Es wohnte nämlich draußen und man schmuste mit ihm nur, wenn man im Hof auf den Gartenstühlen saß. Diese Katze durfte gar nicht rein. Zum Trinken bekam sie Wasser. Der Katzenjunge ärgerte die zwei anderen und zog sie am Schwanz.

Sehawa fragte uns: „Kinder, was denkt ihr? Könnt ihr den Kätzchen einen Rat geben, wie sie es besser machen können?" Wir lernten nämlich gerade eine besondere Regel: „Was du selber nicht magst, das tue nicht dem anderen!"

Sascha schlug vor, dass das erste Kätzchen dem anderen Katzenmädchen sagen könnte: „Du siehst heute aber gut aus! Wie glatt dein Fell ist!", statt anzugeben. Mir ist eingefallen, dass es sagen könnte: „Weil du immer draußen bist, hast du ein besonders schönes, dichtes Fell!"

Zachi sagte, dass sie alle drei miteinander Verstecken oder Fangen spielen könnten, aber am Schwanz ziehen durfte man nicht.

Dann führte Sehawa das Puppentheater nochmal vor, so wie wir es gesagt hatten. Bevor wir nach Hause gingen, bekam jeder einen Beutel mit den ausgeschnittenen Kätzchen, damit wir es zu Hause auch vorführen konnten.

Ich erzählte meiner Mama auch gleich alles und wollte ihr das Katzentheaterstück vorspielen. Sie sagte aber, dass sie das Mittagessen fertig machen muss und danach noch die Küche aufräumen und dass ich es bis Freitagabend aufheben soll, wenn die ganze Familie zusammenkommt. Am Freitag erinnerte sich Mama tatsächlich daran. „Hört mal zu!", rief sie. „Schirel hat für uns ein Theaterstück aus dem Kindergarten." Auf einmal hatte ich gar keine Lust mehr, etwas vorzuführen. Aber alle versuchten mich zu überreden. So holte ich doch den Beutel mit meinen Papierkätzchen raus.

Die ganze Familie saß da und alle lächelten. „Fang doch schon an!", drängten sie und wollten mich ermutigen. Stellt euch vor, ich erinnerte mich in dem Moment an gar nichts mehr. Ich hielt ein Kätzchen in die Luft und überlegte, was es wohl sagen könnte. „Hallo, wie geht es dir?", sagte das erste Katzenmädchen. Dann hielt ich das zweite Kätzchen hoch. Es dachte sehr lange nach. Dann sagte es: „Gut!"

Alle schauten mich so erwartungsvoll an. Auf einmal musste ich mich schämen. Beide Kätzchen versteckten sich schnell wieder im Beutel. Der Kater kam gar nicht raus. Er zog kein einziges Mal ein Katzenmädchen am Schwanz. Als Mama kapiert hatte, dass das Theaterstück zu Ende war, fing sie an zu klatschen. Auch Papa und Maja klatschten. Nur Ruben grinste und sagte: „Komm, lass uns Piraten spielen!"

Meine Stadt Jerusalem

Sehawa las uns jeden Tag aus einem Buch vor oder erzählte uns etwas Interessantes. Einmal erzählte sie uns von unserer Stadt Jerusalem: Sie sagte, dass vor einer langen Zeit, vor dreitausend Jahren, Jerusalem nur ein befestigtes Felsennest gewesen ist. Dort wohnte damals ein starker Stamm, die Jebusiter. Wenn jemand in die Nähe kam, spotteten sie und riefen von oben: „Jeeeh!" und „Buuuh!" Deswegen nannte man die Festung Jebus.

Eines Tages, als König David mit seinen Kämpfern dorthin kam, lachten sie ihn aus. Sie riefen ihm zu: „Hier kommst du nie hin, du Feigling! Unsere Blinden und Lahmen können unsere Festung gegen dich verteidigen!" Er war aber schlau und kam durch einen Wasserkanal mit seinen Kämpfern in die Festung rein. Dadurch eroberte er die Stadt. Er nannte sie Jerusalem, baute sie aus und machte sie zur Hauptstadt seines Reiches.

Unser alter König David wurde nicht als Prinz geboren. Er war ein Schafhirte. Damals war das nicht so einfach. Im Land gab es Bären und Löwen, und der Hirte musste seine Herde vor ihnen schützen. Auch David musste manchmal gegen wilde Tiere kämpfen. Dafür machte er sich eine besondere Steinschleuder, denn Steine gibt es hier überall genug.

Er war auch ein toller Musiker. Er konnte Harfe spielen und singen. Wenn seine Schafe friedlich weideten, dichtete er Lieder mit schönen Melodien. Als er einmal seine Schafe hütete und über sein Leben nachdachte, fiel ihm etwas ein und er dichtete das Lied „Der Herr ist mein Hirte!" Sehawa sagte uns noch, dass wir viele von seinen Liedern auch heute kennen, weil sie in der Bibel aufgeschrieben sind. Sie heißen dort Psalmen. Was für Melodien sie hatten, wissen wir leider nicht mehr. Aber man kann sich einfach neue Melodien ausdenken. Ich singe gerne und erfinde meine eigenen Melodien.

Sehawa hatte uns das alles erzählt, weil bald der Jerusalem-Tag war. An einem Tag sagte sie: „Vergesst nicht, morgen blau-weiß angezogen zu kommen!" Das sind nämlich die Farben unserer Fahne. „Und vergesst auch nicht eure Wasserflaschen! Wir werden in Jerusalem spazieren gehen." Normalerweise gingen wir nur in den Park nebenan zum Spielplatz, und deswegen waren wir ganz gespannt.

Am nächsten Tag kamen fast alle Kinder in Jeans oder blauen kurzen Hosen und weißen T-Shirts. Nur Sarah und Adina hatten blaue Röcke. Sarah und Adina sind Zwillinge und ziehen immer Röcke an. Und Zachi hatte ein orangenes T-Shirt. Er hatte es ganz vergessen. Zum Glück hob Sehawa für solche Fälle immer ein paar weiße T-Shirts auf, die manchen Kindern zu klein geworden waren. Zachi zog sich dann schnell um. Seitdem nennen wir ihn „Orange".

Sehawa und ihre Helferin Orli, die auch sehr nett ist, teilten uns allen weiße Mützen aus, auf denen mit blauen Buchstaben stand: *Jom Jeruschalajim* – Jerusalem-Tag. Dann sollten wir uns in Paare aufteilen und Orli zählte uns, damit niemand unterwegs verloren geht. Ofek und ich rannten gleich zueinander, weil wir die besten Freundinnen sind und zusammen gehen wollten.

Wir plauderten den ganzen Weg lang über ein neues Kino, das Cinema City heißt. City ist ein englisches Wort und heißt eigentlich „Stadt". Das wusste ich aber damals noch nicht. Erst

28

in der zweiten Klasse fingen wir mit Englisch an. Wir wollten beide gern einen schönen Märchenfilm ansehen.

Wir wussten gar nicht, wie das passiert war, aber auf einmal standen wir vor einer großen Windmühle gegenüber der Altstadtmauer. Sehawa erzählte uns, dass die Mauer um die Stadt herum die Menschen früher vor Räubern schützte. Sie erzählte uns auch, wie arm die Leute früher waren.

„Diese Windmühle ließ ein reicher jüdischer Mann aus England bauen, damit die Menschen von Jerusalem Korn mahlen und davon leben konnten!", sagte sie. „Er hieß mit Vornamen Mosche, wie der Mose aus der Bibel. Er reiste zuerst von England aus in seiner Kutsche, und über das Meer ging es dann mit einem Schiff. Die Maschinen für die Mühle wurden auch auf einem Schiff zum Hafen in Jaffa gebracht. Von dort wurden sie von Kamelen getragen. Es gab damals gar keine Straße nach Jerusalem! Die Reise dauerte sehr lange. Trotzdem kam Mosche Montefiore sieben Mal ins Land. Seinen letzten Besuch machte er, als er schon 91 Jahre alt war!"

„Mein Opa hat mich auch besucht. Er ist schon 87 Jahre alt!", rief ich.

„Alle Achtung!", sagte Sehawa. „Aber er durfte sicher mit dem Flugzeug fliegen", lächelte sie und erzählte weiter.

„In der Nähe der Mühle ließ Mosche Montefiore ein kleines Dorf bauen. Alles aus Stein, wie ihr seht. Die Mühle und auch die Häuser."

„Steine gibt es hier überall genug", sagte ich zu Ofek. „Diese riesigen zum Bauen und kleine für eine Schleuder auch. Ich muss Ruben vorschlagen, dass er uns Steinschleudern macht!" Da sagte Sehawa um einiges lauter als vorher: „Herr Mosche Montefiore wollte für die Juden im Land noch mehr Dörfer bauen lassen. Aber der türkische Sultan, der damals über ein Riesenreich herrschte, zu dem auch dieses Land gehörte, erlaubte es ihm nicht."

Der Weg nach Hause

Wie gut, dass wir unsere Wasserflaschen dabei hatten. Obwohl alles, was Sehawa erzählt hatte, sehr interessant war und die Mühle sehr schön, waren wir inzwischen alle müde, weil es so heiß war. Wir hatten gar keine Lust, zurückzugehen. Der Herr Montefiore hatte eine wunderschöne Kutsche. Die ist bis heute bei der Windmühle ausgestellt.

Ich sagte zu Ofek: „Ich würde sofort in die Kutsche steigen und mich fahren lassen!"

„Mit einem Gespann von weißen Pferden!", träumte Ofek weiter. „Wie im Märchen!" Dann redeten wir wieder darüber, welchen Film wir uns aussuchen würden und welche Prinzessin in einer Kutsche mit weißen Pferden gefahren ist.

Ausgerechnet Zachi und Eden waren hinter uns. Zachi ärgerte mich manchmal im Kindergarten beim Spielen. Auch jetzt, als er hörte, worüber wir redeten, gab er mir von hinten einen Klaps auf die Schulter und rief: „Hüh, Pferdchen, hott!"

„Sei nicht so frech!", fuhr ihn Ofek an. Dabei drehte sie sich um, stolperte und schlug sich das Knie auf. Orli eilte schnell zu ihr, half ihr aufzustehen und wusch ihr das Blut vom Knie mit dem Wasser aus der Wasserflasche ab.

Sie wollte natürlich hören, was passiert war. Die beiden Jungs, Zachi und Eden, mussten dann nach vorne kommen und ganz brav bis zum Kindergarten neben der Kindergärtnerin gehen.

Auf dem Weg begegneten wir noch vielen blau-weiß angezogenen Kindergruppen und sahen viele blau-weiße israelische Fahnen. Zur Feier des Jerusalem-Tages bekam jeder von uns ein Eis. Dann war es schon Zeit, nach Hause zu gehen.

Nach dem Eis hatte ich keinen großen Hunger mehr. Aber trotzdem fragte ich Mama meine gewöhnliche Frage beim Nachhausekommen: „Was gibt es zum Mittagessen?"

„Erbsensuppe!", antwortete Mama und ergänzte, als ob nichts wäre: „Könntest du nicht wenigstens ‚Hallo' sagen, bevor du nach dem Mittagessen fragst?"

Wenn ich in der Hitze vom Kindergarten nach Hause komme, verstehe ich nicht, wie mir jemand eine heiße Suppe anbieten kann. Aber ich habe mich entschuldigt und Mama begrüßt. Sehr fröhlich klang meine Begrüßung jedoch nicht.

Die Israelis essen Suppe nur im Winter. Einmal hörten wir auf dem Weg von der Schule, wie eine Mama zu ihrem Jungen sagte: „Ich habe eine Suppe gekocht, die das Herz erwärmt!" Das war aber im Winter. Im Sommer möchte ich nicht, dass mich irgendetwas wärmt. Ich habe Lust auf etwas Kaltes. Meine Mama sagt, dass sie aus Tschechien stammt, und die Tschechen können immer Suppe essen. Ich weiß aber, dass das nicht so ganz stimmt. Mama hat mir selber erzählt, dass sie nach einem Spaziergang mit ihrem Kindergarten im Sommer auch keine heiße Suppe essen wollte.

Liebt ihr auch Tiere?

Unsere Familie liebt Tiere. Viele von unseren Tieren haben wir einfach gefunden. Einmal sah ich auf dem Weg vom Kindergarten auf der Treppe – unser Weg ist nämlich steil, und zu unserem Haus führt eine Treppe – einen wunderschönen, kleinen, wuscheligen Hasen. Gleich fragte ich Mama: „Darf ich ihn in den Käfig zu Jonni tun?" Jonni hieß der Hase, den wir schon hatten. „Nur bis ich rausfinde, wem er gehört. Sicher ist er jemandem verlorengegangen."

Na gut", sagte Mama.

Am nächsten Tag fragte ich meine Freunde im Kindergarten, ob sie wussten, wem ein Häschen weggelaufen ist. Aber niemand wusste etwas davon. Danach fragte ich, ob jemand den süßen, wuscheligen Hasen, den ich gefunden hatte, nach Hause nehmen möchte. Ofek wollte ihn gerne haben, aber ihre Eltern erlaubten es ihr nicht. Sie hatte schon einen Jagdhund. So blieb das Häschen bei uns. Es war fast ganz weiß mit einem schwarzen Fleck am Auge, deswegen nannten wir es Flecki.

Es hatte ein richtig weiches, dickes Fell. Jonni hatte kürzere Haare, war schwarz und ein Ohr hing bei ihm immer nach unten.

Wir alle mögen Tiere, auch Mama. Als wir aber in einem Glas eine Tarantel gehalten haben, war sie nicht sehr begeistert. Es war so: Eines Abends, als wir schon ins Bett gehen sollten, hörten wir von der unteren Etage Geschrei. Es war Mama, die geschrien hatte. Ganz erschrocken rannten wir nach unten. Dort sahen wir an der Treppe eine nicht weniger erschrockene Tarantel. Das ist so eine große schwarze Spinne mit haarigen Beinen. Sie zwängte sich in die Ecke.

Samuel wusste gleich, was zu tun war. Er holte ein leeres Gurkenglas und deckte damit schnell die Tarantel zu. Dann schob er ein Blatt Papier drunter. Er schaffte es, das Glas mit dem Papier hochzuheben und umzudrehen. Mama war sehr erleichtert und dachte darüber nach, wie sie die eklige Spinne umbringen könnte. „Mach das Glas schnell zu!", sagte sie zu Samuel. Aber wir bettelten: „Mama, dürfen wir die Tarantel behalten?"

Das war für Mama ein altbekanntes Lied. Und sie ließ sich tatsächlich auch diesmal überreden. Wir gaben der Tarantel den Namen Tarah. Sie blieb im Gurkenglas, aber in den Deckel machten wir Löcher, damit sie genug Luft zum Atmen hatte. Dann überlegten wir, womit wir Tarah füttern könnten und womit wir ihr Häuschen auslegen könnten.

„Mama, lass uns morgen im Tierladen nachfragen!", schlug Samuel vor.

„Was fällt euch nur ein?", lachte Mama. „Dort verkauft man doch keine Tarantel. Und jetzt schnell ins Bett. Morgen ist ja Schule!"

Am nächsten Tag gingen wir doch mit Mama in den Tierladen. Es war ihr etwas peinlich, sich nach einer Tarantel zu erkundigen. Aber der Verkäufer sagte uns mit ganz ernsthafter Miene, dass wir Tarah Würmer und Käfer füttern sollten. „Als Streu ist für Spinnen ganz gewöhnliche Erde oder Kokosnuss-Sägemehl am besten", erklärte er uns.

„Wow, die ist aber cool!", rief Ruben. „Guckt mal! Hier ist eine echt coole Tarantel!" Dort gab es im Terrarium eine Tarantel, die 550 Schekel kostete! „Lasst uns Taranteln sammeln und sie verkaufen", schlug Ruben vor.

Der Verkäufer hatte es gehört und schüttelte lächelnd den Kopf. „Das hier ist eine ganz besondere Art", sagte er. „Die findest du nicht einfach so im Garten."

Wir stellten das Glas im Kinderzimmer auf den Tisch. Mama beschwerte sich: „Immer, wenn ich ins Zimmer komme, schauen aus dem Glas haarige schwarze Füße heraus!"

Unsere Schildkröte

Unsere Dina – so hieß unsere Schildkröte – ist im gleichen Jahr wie ich geboren. Ich meine, aus einem Ei geschlüpft. Als ich ein ganz kleines Baby war, wollten sich alle mit mir fotografieren lassen. Auf einem von diesen Bildern ist auch eine winzige Schildkröte – ein Schildkrötenbaby.

Mit Dina war es so: Meine große Schwester Maja hatte eine gute Freundin. Die hieß Rivka. Ihre Familie züchtete Schildkröten. Die gefielen Maja so gut! Sie hoffte, dass sie einmal eine Schildkröte finden würde. Bei uns gehen nämlich Schildkröten im Frühjahr und im Sommer draußen spazieren. Man kann ihnen im Park oder auf dem Weg begegnen. Maja wünschte sich so sehr eine Schildkröte! Sie betete sogar dafür. Die Babyschildkröte fand aber Zippi. Sie lief auf der Straße herum. Dort hätte ein Auto sie überfahren können. Deswegen hat sie Zippi nach Hause gebracht.

Als wir beide, Dina und ich, etwas größer wurden, fütterte ich sie mit Blattsalat. Ich holte sie aus ihrem Käfig heraus, damit sie sich frei bewegen konnte, und passte auf sie im Garten auf. Ihr glaubt gar nicht, wie schnell so eine Schildkröte laufen kann, wenn sie will! Dina hatte vor mir gar keine Angst. Aber wenn jemand Fremdes kam, versteckte sie schnell ihren Kopf in ihrem Panzer.

„Heute schmeckt es dir aber besonders gut, Dina!", sagte ich. „Ich schaue mal nach deiner Lieblingspflanze." Sie mochte eine besondere Art von Unkraut. Es hatte einen haarigen Stängel und dunkelgrüne Blätter. Ich ging zum Zaun, um zu schauen, ob ich dort welches finde.

In dem Moment kam Fero, der auch den sonnigen Tag im Garten genoss, und zog mich am Ärmel. Damit wollte er sagen, dass ich mit ihm spielen sollte. Wir rannten durch den Garten. Danach warf ich ihm ein Stöckchen und wollte, dass er es zurückbringt. Aber er rannte einfach mit dem Stock weg. Ich musste so

lachen. Auf einmal ließ er den Stock fallen und nahm die arme Dina in sein Maul. Ich erschrak und schrie: „Pfui, lass sofort los!" Er ließ sie wirklich los. Ich rannte zu ihr und sah, dass sie auf dem Rücken lag und eine Wunde am Bauch hatte. „Zippiiii!", rief ich. „Fero hat Dina gebissen!" Sie war sofort da, zumal sie schon mein Geschrei gehört hatte. Sie schimpfte mit Fero und dann ging sie ins Haus, um Desinfektionsmittel zu holen. Zippi kümmert sich bei uns von allen Kindern am meisten um unsere Tiere. Ich helfe ihr dabei.

„Halte sie mit dem Bauch nach oben", sagte Zippi zu mir. Dann desinfizierte sie die Wunde und klebte sie mit einem Pflaster zu.

Inzwischen war Mama dazugekommen und versuchte, uns beide zu beruhigen: „Es heilt schon wieder!" Und wirklich: Die Wunde heilte schnell. Es blieb nur eine kleine Narbe.

Dina war verwöhnt. Sie aß nur Blattsalat und ihre Lieblingspflanze. Eines Tages war sie wie vom Erdboden verschwunden. Ich hatte nicht richtig auf sie aufgepasst. Die ganze Familie suchte nach ihr, aber sie war nirgendwo zu finden. Ich betete sehr dafür, dass ich sie wiederfinde. Ich konnte mir mein Leben ohne Dina gar nicht vorstellen. Etwa nach einer Woche hörte ich, wie es im Gebüsch am Zaun raschelte. Ich lief schnell dort hin – und sah unsere Dina! „Mama, ich habe Dina gefunden!", rief ich laut.

Wir waren alle so froh. Aber ich war am glücklichsten. Nach ihrer Rückkehr war sie nicht mehr so wählerisch und fraß alles, was sie von uns zum Fressen bekam – Gurken- und Karottenschalen und Kohl. Sie haute noch ein paarmal ab, kam aber immer wieder zurück. Einmal vermissten wir sie den ganzen Winter lang.

Im Frühjahr kam unsere Oma zu Besuch. Sie ist sehr sportlich. Jeden Morgen macht sie Übungen und geht jeden Tag spazieren. Einmal kam sie ganz erschrocken von ihrem Spaziergang zurück: „Ich muss mich einen Moment hinsetzen!", sagte sie.

„Was ist passiert?", fragten Mama und ich fast gleichzeitig.

„Ich sollte es dir, Schirel, gar nicht sagen. Ich habe gesehen, wie zwei Krähen eine Schildkröte in die Luft getragen haben", erzählte sie. „Sie haben sie von oben heruntergeschmissen, damit ihr Panzer kaputtgeht und sie sie auffressen können." Ich wollte an so etwas gar nicht denken!

„Papa, sag, dass es nicht Dina war!", rief ich Papa zu, der gerade die Treppe herunterkam.

„Das war sicher nicht Dina!", sagte Papa und nahm mich in den Arm. „Du musst auch Gott vertrauen, dass er sie bewahrt." Dann schaute er Mama an und sagte: „Ich gehe eine Weile in den Garten, den Kompost umsetzen."

In der Zwischenzeit trank Oma ein Glaß kaltes Wasser und ihren Lieblingskaffee. Es hat so gut gerochen. Etwa nach einer halben Stunde trat Papa mit einem freudigen Lächeln in die Tür. „Ratet mal, wen ich gefunden habe! Dina hat sich für ihren Winterschlaf im Kompost vergraben!" Wir haben uns alle sehr gefreut. Dina war voller Erde und blinzelte in die Welt. Ich rannte, um ein Stück Blattsalat zu holen und Mama holte Kehrschaufel und Besen.

Als Dina das letzte Mal weglief, konnten wir sie nicht mehr finden. Ich war traurig. Aber ich gönne ihr die Freiheit. Sicher ging sie deshalb weg, weil sie sich einen Schildkrötenbräutigam suchen wollte. Ich hoffe, dass sie ihn gefunden hat und dass sie viele Schildkröteneier gelegt hat. Wenn ich sie heute treffen würde, würde ich sie an ihrer Bauchnarbe sicher erkennen. Und sie würde mich sicher auch erkennen! Wenn im Frühjahr ihre Lieblingspflanze aus dem Boden sprießt, muss ich jedes Mal an sie denken.

Was und wen ich noch gefunden habe

Immer, wenn ich vom Kindergarten nach Hause komme, bleibe ich bei unserem großen Hasenkäfig stehen. Ich frage Jonni und Flecki, wie es ihnen geht, und schaue, ob sie genug Karotten und Gras haben und ob die Wasserschüssel voll ist. Als ich einmal dort so stand, hörte ich ein lautes Piepsen. Es klang ganz anders, als der gewöhnliche Vogelgesang. Es kam aus dem Raum unter der Gartentreppe.

Ich schlich mich leise heran – und da sah ich es: ein Vogelbaby! Ein kleines, braungraues Küken. Es war so süß!

Als ich es Mama zeigte und fragte, was ich mit dem süßen Vogel machen soll, sagte sie: „Setze es doch zu den Hasen in den Stall. Wir werden schon sehen, was daraus wird."

Mein Küken freundete sich mit beiden Hasen schnell an. Es quetschte sich zwischen die beiden und wärmte sich an ihrem kuscheligen Fell. Manchmal nahm ich es mit ins Haus. Es lief hinter mir her wie ein Hund. Nur wussten wir immer noch nicht, was für eine Vogelart es eigentlich war. Dann kam Kineret vorbei. Kineret ist eine Frau aus unserer Nachbarschaft. Sie hat keinen Mann und keine Kinder, aber sie liebt Tiere. Zu Hause hat sie eine ganze Katzenfamilie. Wenn sie nicht zu Hause ist, füttert Zippi ihre Katzen.

Sie mochte den jungen Vogel sehr. „Wisst ihr, was?", sagte sie. „Ich mache von dem Küken ein paar Fotos und schicke sie an den zoologischen Garten. Mal sehen, was sie sagen."

Aber sie konnten aus den Fotos auch nicht erkennen, um welchen Vogel es sich handelt. „Vielleicht ist es eine seltene Vogelart, die erst in der letzten Zeit nach Israel gekommen ist", war ihre Antwort.

Und denkt euch nur! Als mein kleines Küken größer wurde, bildete sich an seinem Kopf etwas Rotes. Es war ein Kamm. Mein seltener Vogel war zu einem ganz gewöhnlichen Huhn geworden. Ich nannte es Tschibi.

Tschibi durfte im Garten rumlaufen, aber Mama ärgerte sich manchmal: „Sie hat meine Sonnenblumensetzlinge ausgegraben! Sie hat meine Pfefferminze angefressen!"

Ich musste auch auf Tschibi aufpassen. Ich lernte ihre Sprache und konnte gackern. Wenn ich sie so rief, kam sie angerannt, und ich durfte sie auf den Arm nehmen. Genau an meinem Geburtstag fand ich im Käfig ein wunderschönes weißes Ei. Tschibi hat mir ein Geburtstagsgeschenk gemacht. Mama hat es für mich gekocht. Es hatte innen eine schöne orange Farbe, ganz anders als die gekauften Eier. Es war das beste Ei, das ich je gegessen habe!

Noch etwas passierte aber, als sie größer wurde. Sie wurde immer gemeiner zu meinen Häschen. Sie schlug mit ihrem Schnabel nach ihnen und wollte sie nicht ans Futter lassen. Einmal hackte sie Jonni in den Rücken, so dass er eine Wunde hatte. Das machte mich sehr traurig.

Vor dem Schlafengehen setzte sich Papa zu mir ans Bett und fragte, warum ich den ganzen Abend so traurig war.

„Warum sind Tiere böse zueinander, Papa?", fragte ich. „Als Tschibi noch klein war, hat sie sich bei Jonni und Flecki gewärmt und jetzt ist sie so böse zu ihnen!"

„Weißt du, Schirel", sagte Papa, „als Gott die Welt geschaffen hat, waren weder Tiere noch Menschen zueinander böse. Und die Bibel verspricht uns, dass es eines Tages wieder so sein wird. Es steht dort ... Weißt du, was, ich lese es dir aus der Bibel vor. Warte einen Moment, bis ich es finde. Es steht irgendwo im Prophet Jesaja ... Ah, hier steht es: „Und der Wolf wird beim Schaf wohnen und der Panther mit dem Böcklein lagern und ein Kälbchen und ein junger Löwe mit den Schafen zusammen weiden. Und ein kleiner Junge wird sie führen."

„Papa, das ist doch auf dem Bild, was bei Oma und Opa hängt!", rief ich. „Ein kleiner, blonder Junge in einem weißen Hemd führt einen Löwen und ein Schäfchen und noch andere Tiere."

„Richtig", sagte Papa. „Das Bild hing schon bei meiner Oma und meinem Opa", erinnerte er sich.

„Darauf freue ich mich sehr!", gähnte ich. „Ich glaube, dass ich heute etwas Schönes träumen werde."

„Träume schön, Schirel! Gute Nacht!", hörte ich Papa noch sagen.

Wie ich den Brock verloren
und wiedergefunden habe

Unsere Familie ist sehr tierlieb. Wir lieben nicht nur echte Tiere, sondern auch Stofftiere. Es ist eine Familientradition. Papa hat im Büro einen alten, schon etwas schäbigen Stoffleoparden aus seiner Kindheit. Mamas Vorliebe sind Stoffbären. Immer wieder sortieren wir unsere Stofftiere, um zu entscheiden, welche von ihnen wir schon weggeben können.

Wenn einer von meinen großen Geschwistern zufällig dazukommt, sieht das etwa so aus: „Diesen Hund dürft ihr nicht weggeben, den habe ich von einer Freundin bekommen!"

„Dieses Äffchen müssen wir behalten, das habe ich vom Opa bekommen!"

„Oh, dieser Elefant war früher mein Schlaftier, den hatte ich immer im Bett. Den müssen wir aufbewahren!"

Dann behalten wir sie doch. Und zwar für Mamas und Papas Enkelkinder. Wenn wir Kinder einmal heiraten und eigene Kinder haben.

Ich liebte von allen meinen Stofftieren einen Dackelhund am meisten. Der hieß Brock. Es war ein kleiner Stoffdackel, den ich überallhin mitnehmen konnte. Ich spielte mit ihm oft im Park in der Nähe von unserem Haus. Wenn Ofek zu Besuch kam, nahmen wir unsere Puppenwagen und Puppen mit in den Park. Brock war unser Hund. Als wir einmal gerade so schön spielten, hörten wir plötzlich jemanden sagen: „Was spielt ihr denn, ihr beiden Damen? Mama und Papa?" Es waren Zachi und Eden. Edens Augen funkelten, als er Brock erblickte. Ich stand wie angewurzelt da, als er ihn nahm und Zachi zuwarf.

„Komm, wir spielen Handball!", rief er. Und tatsächlich fingen die beiden an, meinen geliebten Brock hin und her zu werfen. Ich rannte zu Zachi, aber bis ich dort war, hatte ihn schon Eden. Und bis ich Eden erreichte, hatte ihn Zachi schon wieder. Als es ihnen keinen Spaß mehr machte, warfen sie ihn hinter sich: „Hier hast du ihn, Schirel! Es war doch nur ein Spaß." Ich rannte schnell in die Richtung, in die sie ihn geworfen hatten. Aber der Brock war nicht zu finden. Ofek und ich suchten vergeblich eine halbe Stunde lang nach ihm. Ich musste weinen und ging nach Hause.

Mama war gerade am Putzen, aber als sie sah, dass ich weinte, machte sie den Staubsauger aus und hörte sich die ganze Geschichte an. „Weine nicht, Schirel!", sagte sie. „Wir werden ihn bestimmt finden!" Wir suchten auf dem Weg, im Gras und unter den Büschen. Aber der Brock war einfach weg.

Er war ein Stoffhund, den ich immer bei mir hatte. Abends nahm ich ihn mit ins Bett. Deswegen war ich sehr traurig. ‚Wie werde ich überhaupt einschlafen können?', dachte ich.

Mama sagte: „Wir haben zwei Möglichkeiten. Wir beten zu Gott, vor dem nichts verborgen ist, dass er uns hilft, Brock zu finden. Gleichzeitig können wir ein Schild machen und am Zaun befestigen. Aber was machen wir, wenn es regnet? Papier würde nass werden."

„Wir können das Papierschild in eine durchsichtige Klebefolie einpacken", schlug Ruben vor. Er verstand mich gut, weil auch er ein Lieblingsstofftier hatte. Es war der Bär Koda aus dem Film „Die Bärenbrüder". Brock und Koda waren gute Freunde gewesen und hatten oft miteinander gespielt. Brock musste dann immer ein Jagdhund sein.

Wir machten ein Schild. Darauf stand: „Ein Stoffdackel wird gesucht." Mama, Ruben und ich beteten natürlich auch. Ich war voller Erwartung, dass er am nächsten Tag gefunden wird. Aber nichts geschah. Und am Tag darauf wieder nichts. Nach ein paar Tagen sagte ich zu Mama: „Wir haben so viel gebetet, und trotzdem haben wir Brock nicht gefunden. Gott hat uns gar nicht gehört."

„Sag nicht solche Sachen, Schirel", sagte Mama. „Er hat uns sicher gehört. Aber er erfüllt unsere Wünsche nicht immer so, wie wir es uns vorstellen. Manchmal möchte er, dass wir etwas lernen. Zum Beispiel Geduld."

Weil es im Winter war, wurde unser Schild trotz der Folie nass. Es vergingen Wochen, und ich hatte Brock fast vergessen. An einem verregneten Nachmittag klopfte es an der Tür. Es war einer unserer Nachbarn mit seinem Sohn. In der Hand hatte er etwas Braunes: „Ist das nicht das Spielzeug, das ihr gesucht habt?", fragte er. Er reichte mir einen durchnässten und schmutzigen Brock. „Er hing in den Ästen am Busch im Park."

„Vielen Dank euch!", sagte Mama. „Wir haben gar nicht mehr damit gerechnet, ihn noch zu finden!"

Nachdem unsere netten Nachbarn gegangen waren, steckten wir Brock in die Waschmaschine. Mama war sehr nachdenklich. „Freust du dich nicht, Mama?", fragte ich.

„Klar, freue ich mich. Aber ich muss darüber nachdenken, dass wir ihn nicht gefunden haben, weil wir nur auf den Boden geschaut haben. Unser Blick war nach unten gerichtet. Wir hätten mehr nach oben schauen sollen. Verstehst du, was ich meine?"

Nochmal vom Kindergarten

Jeden Morgen holte Sehawa einen Karton hervor. Darin waren die bunten *Kippas*. Die setzten die Jungs auf – jeder hatte dort seine eigene *Kippa* –, und dann sprachen wir alle miteinander ein Gebet. Wir dankten Gott dafür, dass wir gesund aufgestanden sind.

Nach dem Essen sprachen wir alle zusammen wieder ein Gebet. Wir dankten für das Essen und baten Gott, dass er sich seiner Stadt erbarme und Jerusalem schnell, noch in unseren Tagen, erbaue. Ich denke, dass das ein sehr altes Gebet ist und dass Gott es schon erhört hat. Davids Stadt war doch sehr klein, und heute ist Jerusalem eine Großstadt! Mama sagt aber, dass damit mehr gemeint ist als nur Häuser.

Sehawa erzählte uns viel von unserem Land. Und sie wollte, dass wir auch erzählen. Wir sollten ein Foto von unseren Familienausflügen bringen und allen Kindern sagen, wo wir waren. Wir lernten, welche Pflanzen hier wachsen und wann welche Blumen blühen. Es gibt zum Beispiel so eine große Blume, die heißt Chazaw. Jedes Kind in Israel weiß, dass diese Blume mit ihrer weiß-lila Blüte den Regen ankündigt.

Wir lernten auch ein Lied über den Regen: „Regen, Regen, kommt vom Himmel, tipp, tipp, tipp, tipp, tapp ...“

Wenn er dann wirklich kam, trugen wir stolz unsere bunten Regenschirme. Meiner hatte vier Farben – gelb, blau, rot und grün. Ofek hatte einen Regenschirm mit Enten drauf.

Einmal, als Ofek und ich mit unseren schönen Regenschirmen nach Hause marschierten, kam ein starker Wind auf. Mein Regenschirm flog fast weg. Ich hielt ihn so fest, wie ich nur konnte. Aber der Wind verdrehte ihn so, dass er nachher ganz kaputt war. Ich war sehr traurig. Aber Mama sagte: „Schau, du bist nicht die Einzige!" Auf der Straße lag ein anderer zerrissener Regenschirm. Und an der Ecke noch einer. „Hier liegen einige kaputte, traurige Regenschirme", sagte Mama. Ofek klappte ihren Regenschirm schnell zusammen und zog ihre Kapuze über den Kopf.

Ich habe euch noch gar nicht gesagt, wie mein Kindergarten hieß. Er hieß *Teena*, das bedeutet Feigenbaum. Und auch nicht, was der Name meiner lieben Kindergärtnerin bedeutet. Sehawa heißt „die Goldige". Sie war auch in echt ganz goldig. Ich mochte und mag sie immer noch sehr.

Als ich in die Schule kam, hatte ich manchmal großes Heimweh nach ihr. Mama hatte die Idee, ich solle sie doch einfach mal nach der Schule im Kindergarten besuchen. Einmal tat ich das wirklich. Sehawa freute sich sehr. Sie schlug vor, dass ich den Kindern erzählen solle, was wir in der Schule so machen.

„Wir lernen Schreiben und Lesen", sagte ich. „Aber am meisten macht mir der Sportunterricht Spaß. Ich bin die Schnellste in der Klasse." Danach wollte ich nach Hause zum Mittagessen gehen. Sehawa umarmte mich fest und sagte: „Komm uns wieder besuchen, Schirel!"

„Ich komme, Sehawa", versprach ich.

Wir sagten zu ihr aber nicht Frau Gilboa, wie man in Deutschland sagen würde. Wir sagten zu ihr Sehawa. So sagt man das bei uns in Israel.

Schalom Kita Alef

Noch in den Ferien, bevor ich in die erste Klasse gekommen bin, hatte uns unsere Lehrerin zu einem Treffen eingeladen. Nachdem Mama die Einladung vorgelesen hatte, rief ich schnell Ofek an. Ich wollte wissen, ob sie diese Einladung auch bekommen hatte: „Ofek, wir sind in der gleichen Klasse!", rief ich begeistert, als ich hörte, dass sie am gleichen Tag von derselben Lehrerin eingeladen war.

Bei dem Treffen stellten wir uns alle gegenseitig vor. Unsere neue Lehrerin sagte: „Ich heiße Irit und freue mich, euch alle kennenzulernen."

„Sie sieht ganz nett aus", flüsterte ich Ofek zu, auch wenn ich Sehawa vermisste. Irit war viel jünger als Sehawa und irgendwie ganz anders. Sie sprach auch etwas ungewöhnlich. Warum, das verstanden wir, als sie sagte: „Ich komme aus Italien und bin vor zehn Jahren nach Israel eingewandert. In dieser Schule bin ich neu, genau wie ihr. " Dann sagte sie, dass wir für den ersten Tag nur ein Mäppchen und ein Heft brauchen und dass wir alle mit weißen T-Shirts und blauen Hosen oder Röcken kommen sollten. Und wir sollten einen Sonnenhut oder eine Mütze nicht vergessen.

Am ersten Schultag wurden wir Erstklässler mit einem großen Plakat begrüßt. Auf dem stand: *Schalom Kita Alef.* Ihr möchtet sicher wissen, was diese drei Worte bedeuten. Ich verrate es euch: *Schalom* ist unser Gruß, wie Hallo oder Guten Tag. *Kita* heißt eine Schulklasse und *Alef* ist der erste Buchstabe unseres Alphabets. Diesen Buchstaben habe ich schon im Kindergarten gelernt, weil er in meinem Namen vorkommt. Jeder hebräische Buchstabe ist auch eine Zahl. *Alef* ist der erste Buchstabe, deswegen heißt er „der Erste". Wisst ihr jetzt, was *Schalom Kita Alef* heißt? Es ist doch klar: „Hallo erste Klasse!"

Mama begleitete mich an diesem Tag. Ich war ganz froh, weil ich die Schule noch nicht so gut kannte. Sie ging mit mir und ihrem Fotoapparat bis in die Klasse hinein. Dort wartete schon Ofek. Als ich sie sah, sagte ich schnell zu Mama: „Jetzt kannst du ruhig gehen!" Sie machte noch von mir und Ofek ein Foto und dann ging sie zu den anderen Eltern in den Schulhof.

Ofek und ich wussten nicht, dass Zachi auch in unserer Klasse ist. Er war nämlich nicht bei dem Treffen in den Ferien gewesen. Wir merkten es erst, als er mit einem roten T-Shirt reinkam. „Orange wird rot!", wollte ich gerade zu Ofek sagen. Aber in dem Moment kam Irit herein. Sie sagte, dass sie sich sehr freut, uns zu sehen, und erklärte dann: „In ein paar Minuten werdet ihr von großen Kindern aus der sechsten Klasse abgeholt. Mit ihnen dürft ihr dann Hand in Hand zum Schulhof gehen. Diese Kinder werden euch auch in der ersten Zeit in der Schule helfen, damit ihr gut zurechtkommt."

Dann kamen auch schon die erfahrenen Schüler rein. „Ich bin Ronni, und du?", fragte mich ein ganz nettes Mädchen mit langen schwarzen Haaren, das mich gleich mitnahm. Aber zuerst mussten wir uns in Zweierreihen aufstellen. Aus den Lautsprechern tönte laute Musik. So marschierten wir in den Schulhof. Dort saßen schon auf dem Boden Kinder aus allen anderen Klassen. Ich sah Ruben, wie er mir winkte und lustige Grimassen schnitt. Für unsere Eltern standen dort Plastikstühle bereit.

Wir setzten uns auch alle hin. Ofek und ich hatten uns nach den Ferien viel zu erzählen. Als es gerade sehr interessant wurde, ertönte ein lautes: „Liebe Eltern, bitte nehmt Platz!" Und bald darauf wieder: „Liebe Eltern, wir wollen anfangen, bitte nehmt jetzt Platz!" Die Gespräche der Eltern waren anscheinend auch sehr interessant. Die Direktorin Liora musste noch einmal um Ruhe bitten und mehrmals ins Mikrofon „Psssssssst!"

sagen, damit wir alle aufhörten, uns zu unterhalten und endlich still wurden.

Was die Direktorin damals alles sagte, daran kann ich mich nicht mehr erinnern. Ich weiß nur noch, dass eine Gruppe von Kindern für uns das Lied *Shalom, shalom, shalom Kita Alef* sang. Dann trat Rubens Klasse auf. Es war die vierte Klasse. *Kita Dalet.* Jedes von den Kindern hatte einen großen Schlüssel aus Karton in der Hand. Nacheinander erklärten sie, was ihre Schlüssel bedeuten. Als Ruben an die Reihe kam, sagte er: „Mein Schlüssel bedeutet Geduld. In diesem Schuljahr wollen wir in der Schule geduldiger miteinander sein als letztes Jahr!" „Das will ich sehen", sagte ich zu Ofek. „Und ich hoffe, nicht nur in der Schule!"

Am Tag davor, das war der letzte Ferientag gewesen, hatte Mama gesagt: „Für Morgen könnt ihr euch aussuchen, was ihr zum Mittagessen möchtet, weil es der erste Schultag ist." Ich wünschte mir Zwetschgenknödel, Ruben Schnitzel und Samuel Pizza. „So habe ich es nicht gemeint", lachte Mama, „dass sich jeder, wie in einem Restaurant, etwas anderes bestellen kann. Ich mache die Zwetschgenknödel, weil es Schirels erster Schultag ist."

An dem Tag ging die Schule nicht so lang. Deswegen halfen Ruben und ich Mama noch, die Zwetschgen in den Teig einzupacken. Dann kamen auch Zippi und Samuel mit Maja nach Hause. Alle wollten wissen, wie es in der Schule war.

„Nichts Besonderes", sagte ich."

„Unser Baby geht in die erste Klasse", sagte Maja. „Ich kann es gar nicht glauben!"

Mama und ich schreiben Diktate

In der zweiten Klasse begannen wir Englisch zu lernen. Unsere Englischlehrerin hieß Sarah. Sie war aus England nach Israel gekommen. Zuerst sang sie Lieder mit uns. Eigentlich sang sie Sätze. Sie sang auf Englisch: „Wie gcht es euch heute?" Und die ganze Klasse antwortete: „Uns geht es sehr gut!" Es klang so: „How are you today?" „We are very well!"

Es machte Spaß, aber wir machten uns über Sarah lustig. Wir riefen ihr nach: *„Sarah scharah Schir!"* Dies ist der allererste Satz, den wir in der Schule zu schreiben lernten. Er bedeutet: „Sarah singt ein Lied." Sarah lachte nur und sagte: „Macht euch ruhig über mich lustig. Wir werden schon sehen, wie ihr meinen Namen auf Englisch schreibt!"

Wir fingen an, ganz andere Buchstaben zu lernen. Bis dahin schrieben wir von rechts nach links. Plötzlich erzählte uns Sarah, dass man auf Englisch von links nach rechts schreibt. Das war für die meisten Kinder ganz komisch. Doch für mich war die englische Schreibweise leichter als die hebräische.

In der dritten Klasse brachte ich meiner Mama hebräische Diktate, die sie unterschreiben musste. Es waren viele Fehler drin. „Schirel, mach dir nichts daraus", tröstete Mama mich: „Hebräisch ist wirklich schwer. Ich lebe hier seit zwanzig Jahren, aber das Schreiben bereitet mir immer noch Schwierigkeiten. Weißt du was? Wir setzen uns hin und diktieren uns gegenscitig Sätze auf Hebräisch. Wir schreiben sie so lange, bis sie ganz ohne Fehler sind."

Nach einer Weile sagte Mama: „Weißt du was, Schirel, ich habe eine Idee! Wenn du bereits englische Buchstaben kennst, werde ich dir auch das tschechisch und deutsch Schreiben beibringen. Ich werde dir jetzt ein paar Sätze auf Deutsch diktieren.

„Na gut, Mama", sagte ich, „aber zuerst musst du noch ein paar hebräische Worte schreiben." Mama stimmte zu und schrieb. Dann diktierte sie mir ein paar Sätze. Ich schrieb so:

Fero ist ayn leeber hond.
Aber er tzerbyst shoe.
Er shlect maynen fos
Yezt ist er drausen.

Viel gelbe Sonne

„Oma, mir ist so langweilig! Was soll ich tun?", fragte ich, als ich in den Ferien bei meiner Oma zu Besuch war. Es regnete den ganzen Tag, und wir konnten gar nicht raus.

Oma holte eine Box mit Buntstiften. „Male doch ein schönes Bild", sagte sie. Sie hatte zwar nicht viele Farben, aber zum Malen hatte ich doch Lust.

Ich malte für sie zwei Bilder. Auf einem malte ich viel blaues Wasser. Das war Tschechien. Auf dem anderen Bild malte ich viel gelbe Sonne. Das war Israel. Ich vermisse Israel immer sehr, wenn ich weg bin. Und auch meine Tiere. Aber zu Hause vermisse ich dafür meine Oma. Stellt euch vor: Wenn ich zu ihr zu Besuch komme, hängen beide Bilder in der Küche.

Bei uns in Jerusalem ist der Himmel fast immer blau, und zwar richtig blau. Die Sonne scheint, und es ist sehr hell. Im Sommer regnet es überhaupt nicht, und ich kann fast immer barfuß, in kurzer Hose und T-Shirt rumlaufen. Wer mag schon dicke Pullis, Schals und Jacken? Dafür möchten Mama und auch unsere Lehrerin immer, dass wir draußen Schildmützen aufsetzen. Ich vergesse meine Mütze oft zu Hause.

Bei uns regnet es nur im Winter. Wenn es aufgehört hat zu regnen, ist für uns der Sommer wieder da. Wir lernen im Kindergarten und in der Schule, dass es vier Jahreszeiten gibt. Aber für uns gibt es nur zwei: einen langen Sommer und einen langen Winter.

Manchmal wird unser blauer Himmel braun. Der Ostwind von der Wüste bringt uns riesige Sand- und Staubwolken. Uns Kinder stört es nicht so besonders, aber die Erwachsenen mögen es überhaupt nicht. Die Autos, Fenster, Gartenmöbel – einfach alles ist schon nach kurzer Zeit mit Staub und Sand bedeckt. Dann fallen noch große braune Tropfen vom Himmel, die alles zu einem braunen, matschigen Brei werden lassen. Selbst bei der Wettervorhersage im Fernseher warnt Sharon, keine Wäsche draußen aufzuhängen. Einmal hat meine Mama sie an so einem Tag hängen lassen. Sie musste sofort wieder in die Waschmaschine. Die Wäsche, nicht die Mama!

Zum Glück für die Erwachsenen gibt es solches Wetter nicht sehr oft. Aber nach dem Früh-

jahrsputz, vor dem großen Passahfest, bei dem alle Kinder helfen müssen, da kommt es immer.

Mama möchte nur im Winter Ausflüge machen. Sie sagt, dass es im Sommer zu heiß ist. Sie mag Wald, aber der ist hier im Sommer ganz staubig und trocken. Im Winter dagegen sprießen aus dem Boden wunderschöne Blumen. Die möchte Mama immer sehen.

Auch in den Zeitungen steht, wo welche Blumen gerade blühen, und sie möchte da immer hin. Ich dagegen möchte lieber etwas mit meinen Freundinnen unternehmen. Mama wundert sich dann und sagt: „Als du klein warst, wolltest du immer gerne mit uns in die Natur fahren." Aber daran kann ich mich nicht mehr erinnern.

Ich liebe das Meer

Als wir einmal ans Meer gefahren sind, dachte ich mir, dass ich vom Parkplatz bis zum Strand auch barfuß gehen kann. Der Boden auf dem Parkplatz war aber so heiß, dass mich Papa ganz schnell auf den Arm nehmen musste. Seitdem verstehe ich unseren Hund, wenn er von einer Pfote auf die andere tritt. Der Arme kann keine Sandalen anziehen. Deswegen möchte er von dem glühenden Boden ganz schnell weg.

Er genießt das Meer aber genauso wie ich. Er rennt mit mir am Strand herum, und wenn ich ihm einen Ball ins Wasser werfe, schwimmt er und holt ihn wieder. Er möchte sich im Wasser abkühlen. Wenn er versucht zu trinken, merkt er aber schnell, dass das Wasser salzig ist. Ich muss lachen, wenn ich sehe, dass er es immer wieder versucht.

Wenn ihr wüsstet, was für ein starker Wind manchmal am Meer weht. Dann werden die Wellen so hoch und das Meer so stürmisch, dass wir gar nicht baden dürfen. Dann hängt die Strandwache eine schwarze Fahne aus. Aber Gabi wurde es trotzdem nicht langweilig. Er baute einmal einen Segel-Roller. An den Lenker von seinem Roller befestigte er einen Besen als Mast. Das Segel war ein altes Leintuch, das er zwischen den Lenker und den Besen spannte. Er zeigte uns einmal, wie er sich vom Wind treiben lässt und durch die Gegend flitzt. Ruben und ich durften es auch ausprobieren und es machte uns viel Spaß. Nur nicht das Warten, weil wir uns immer abwechseln mussten. Gabi versprach, dass wenn wir nächstes Mal unsere Roller mitbringen, er uns daraus auch solche Segelroller macht. Ich bin schon gespannt.

Wenn am Strand eine rote Fahne hängt, ist zwar das Meer etwas unruhig, aber wir dürfen ins Wasser. In die Wellen zu springen macht sehr viel Spaß! Und wenn ich etwas Salzwasser schlucke, macht mir das gar nichts aus. Man spürt das Meer erst richtig, wenn man Salz in den Augen und in der Nase hat. Ich fühle mich einfach im Meer wie ein Fisch im Wasser. Manchmal ist das Meer ganz glatt. Dann wird eine weiße Fahne aufgehängt. Aber das finde ich langweilig.

Geburtstag am Meer

Habe ich euch schon erzählt, dass ich einen Freund habe, der am Meer wohnt? Er heißt Gabi, genau wie mein Schulkamerad. Eigentlich ist es der gemeinsame Freund von Ruben und mir. Wir wurden beide zu seinem elften Geburtstag eingeladen. Wir konnten es gar nicht abwarten, weil die Geburtstagsfeier am Strand stattfinden sollte. „Sicher kommen auch Gilad und Joel und Ella und Hodaja", sagten wir zueinander.

Als uns unsere Eltern hinbrachten, standen am Strand schon Sonnenschirme und Tische mit Plastikstühlen bereit. Gabis Mama brachte Pizza, Melone und süße Trauben. Sie waren ganz ohne Kerne. „Kommt zu Tisch!", rief sie. Aber wir waren gerade dabei, Gabi im Sand einzugraben. Nur noch sein Kopf schaute heraus.

Ruben bekam auf einmal doch große Lust auf die saftige Melone. Er holte ein Stück und biss hinein. Sie war süß. Auf einmal dachte er, dass er auch dem Geburtstagskind ein Stück geben sollte. Er ließ Gabi abbeißen. „Das lasse ich mir gefallen, mit Melone gefüttert zu werden!", sagte Gabi und schloss genüsslich die Augen. In dem Moment tauchte Ruben das Melonenstück in den Sand und ließ ihn wieder abbeißen. Gabi spuckte um sich und zog sich schnell aus dem Sand heraus. Ruben wartete natürlich nicht und rannte so schnell er konnte weg. Gabi erreichte ihn aber doch am Wasser und tunkte ihn gnadenlos unter. Wir anderen beobachteten alles mit Spannung und jubelten Gabi zu.

„Habe ich nicht gesagt, dass ihr mit dem Essen zum Tisch kommen sollt?", lachte Gabis Mama. „Oder möchtet ihr alle mit Sand gewürzte Pizza haben?"

Sie musste uns gar nicht überreden. Mit großem Appetit aßen wir die Pizza, Trauben und Melone.

Der beste Teil der Feier kam aber erst noch. Gabis Onkel brachte ein Schlauchboot mit und fuhr mit uns aufs Meer hinaus.

Zuerst mussten wir alle orangefarbene Schwimmwesten anziehen. Wir sprangen ins Wasser und kletterten wieder ins Boot. Wie haben wir das genossen!

„Ihr seid schon alle ganz blau vor Kälte!", sagte Gabis Onkel nach einer Weile. „Ihr müsst euch wieder in der Sonne aufwärmen. Ihr habt euch jetzt genug ausgetobt, oder nicht?" Also kehrten wir zurück zum Strand.

Dort stand Gabis Papa mit einem Fernglas. Wir dachten, er hätte uns auf dem Schlauchboot aus Spaß beobachtet. Aber er schaute gespannt in die Ferne, obwohl wir schon zurückgekommen waren.

„Gabi, nach was guckt dein Papa die ganze Zeit?", wollte ich wissen.

Gabis Papa hatte meine Frage jedoch selber gehört und sagte: „Ich halte Ausschau nach Meeresschildkröten." Dann erklärte er uns, dass im Sommer von weit her Meeresschildkröten angeschwommen kommen, um an diesem sandigen Strand ihre Eier abzulegen. „Die meisten Küsten Israels sind felsig, deswegen gibt es nur wenige Strände, zu denen die Schildkröten kommen. Weil es von diesen riesigen Schildkröten immer weniger gibt, sammeln Mitarbeiter von der Naturschutzbehörde diese Eier ein und bringen sie an einen sicheren Ort. Wenn die kleinen Schildkröten geschlüpft sind, helfen sie ihnen, ins Meer zu gelangen. Da, wo die Babyschildkröte ins Meer geht, kommt sie nach vielen Jahren wieder an Land, um ihre Eier abzulegen."

„Und wie sehen ihre Nester aus?", fragte Ruben.

„Es sind tiefe Löcher, die von der Schildkröte ausgegraben und wieder zugedeckt werden", sagte Gabis Papa. „Wisst ihr, was? Aus den Eiern, die tief unten vergraben sind, wo der Sand kühl bleibt, schlüpfen Schildkröten-Männchen. Und aus den Eiern, die in dem von der Sonne gewärmten Sand liegen, schlüpfen Weibchen."

„Kann ich das Fernglas ausleihen?", fragte Ruben.

„Gerne!", sagte Gabis Papa. Danach wollten wir anderen Kinder alle auch durchgucken. Leider sah niemand von uns eine Schildkröte. Deshalb gingen wir wenigstens Schildkrötennester suchen. Aber leider fanden wir auch kein Schildkrötennest und waren nach der Suche sehr müde. Zum Glück durften wir alle bei Gabi übernachten. In dieser Nacht träumte ich von Schildkröten.

Am nächsten Tag gingen wir zusammen an einem Strand baden, der direkt neben einem Naturschutzgebiet für Schildkrötennester liegt. Dort stand ein großes Schild mit dem Verbot, am Strand Abfall wegzuwerfen. Es wurde darauf erklärt, dass Plastikbeutel, die im Meer schwimmen, den Tod von Wasserschildkröten und anderen Meerestieren bedeuten können. Sie können sich darin verwickeln und ersticken oder, wenn sie das Plastik fressen, daran ersticken. Das machte mich sehr traurig.

Plötzlich rief Gabi: „Guckt mal!" und zeigte auf einen jungen Mann, der eine Box zum Meer trug. Wir rannten dorthin und beobachteten, wie er mit einem grünen niedrigen Plastikzaun einen Weg Richtung Meer abgrenzte. Dann setzte er aus der Box ganz viele winzige Schildkröten in den Sand. Sie marschierten sofort in die richtige Richtung los. Sie waren so süß, wie sie da zum Meer eilten. Wir standen so lange da, bis das Wasser die letzte Babyschildkröte auf eine lange, gefährliche Reise mitnahm. Ob sie einmal zu uns zurückkehren würden? Kann überhaupt aus so einer winzigen Schildkröte eine riesige Meeresschildkröte werden? Ist das nicht ein Wunder?

Bei einer Beschneidung

Ich bin in unserer Familie die Jüngste. Deswegen habe ich nie gesehen, wie sich Mama um Babys gekümmert hat. Aber meine Freundin Danna hat eine kleine Schwester. Wenn ich sie besuchte, schaute ich oft zu, wie ihre Mama die kleine Rut fütterte und wickelte. Wenn Danna bei mir war, spielten wir mit meinen Puppen. Ich habe zwei Puppen, die wie neugeborene Babys aussehen. Ich hatte für sie echte Babykleider von mir und meinen Geschwistern. Und Mama kaufte mir Babysöckchen. Von denen hatte ich nämlich nicht genug.

Als Danna noch einen Babybruder bekam, lud uns ihre Familie zur Beschneidung ein. Ich wusste nicht genau, was das ist, aber ich bin immer gerne bei ihr. Sie hat auch Puppen und im Garten ein großes Trampolin. Als wir bei ihnen ankamen, war das Haus schon voller Leute. Danna rannte mir entgegen und schlug gleich vor, Trampolin zu springen.

Ruben war es gerade langweilig. Deswegen kam er zu uns. Ruben und Danna sprangen am Rand. Ich setzte mich in die Mitte und ließ mich von ihnen in die Luft werfen. Dann tauschten wir. Ruben und ich fingen zum Spaß an, einander anzustoßen. Wir wollten sehen, wer am längsten auf den Füßen bleibt. Danna saß jetzt in der Mitte und lachte. Aber nur bis zu dem Augenblick, als Ruben direkt auf sie fiel. In dem Moment begann sie zu weinen. „Das sage ich meiner Mama!", schluchzte sie. Sie kletterte vom Trampolin runter und ich hinterher.

„Mamaaa, Ruben ..." Die Worte blieben ihr im Hals stecken. Im Wohnzimmer stand eine Gruppe von Männern, die in Gebetsschals gehüllt waren und etwas murmelten. In der Mitte stand ein Sessel und darauf saß Dannas Opa. Er hatte das Baby auf dem Schoß.

Danna drängte sich durch die Menge zu ihrer Mama, die selbstverständlich in der Nähe von ihrem Baby war. Sie umarmte Danna, zeigte ihr aber mit einem Finger auf dem Mund, dass sie leise sein soll. Das war gar nicht mehr nötig. Danna war die Aufmerksamkeit, die sie durch ihr Geschrei auf sich gezogen hatte, sowieso ziemlich unangenehm.

Ich war neugierig, was mit dem kleinen Jungen passieren würde, und schlich mich zwischen den Gästen nach vorne. Ich konnte aber nicht sehen, was der Mann, der sich über das Baby beugte, genau machte. Nur, dass er es auspackte. Bald danach fing es an zu weinen. Seine Mama wischte sich die Tränen ab. Sein Papa nahm es schnell auf den Arm und tröstete es. Dann verkündete er, dass der Babyjunge Roi heißt – mein Hirte. Und nach seinem Großvater Menasche. Roi weinte nur kurz. Er ließ sich schnell trösten. Und dann waren alle fröhlich und sangen zusammen.

Danna und ich schauten uns an, und es war klar, dass wir nicht mehr in den Garten zurückgehen würden. Danna deutete mit ihrem Kopf nach oben. Wir schlängelten uns zwischen den Gästen durch zur Treppe und rannten hoch in ihr Zimmer. Auf dem Weg löschten wir unseren Durst mit Wasser aus dem Wasserhahn im Bad.

Danna zeigte mir stolz ihre neue Puppe. Eigentlich war es keine Puppe. Es war nur ein Puppenkopf, den man schminken konnte. Wir malten ihr über den Augen lila Lidschatten, die Augenlider machten wir grün. Die Wangen bestreuten wir mit Puder und malten sie dann rot an. Wir dachten gerade darüber nach, welchen Lippenstift wir nehmen sollten, als die Stimme meiner Mama ertönte: „Komm, Schirel, wir fahren nach Hause!" In dem Moment spürte ich, wie mein Magen knurrte: „Ich habe schrecklichen Hunger!"

„Hunger?", fragte Mama unglaublich. „Hier wurde doch die ganze Zeit gegessen!" Sie winkte in Richtung der Tische, die an der Wand standen. Ich hatte sie bis dahin gar nicht bemerkt. Schnell schnappte ich mir ein paar Weintrauben und ein paar Salzstangen, die dort noch übriggeblieben waren.

„Papa, was hat der Mann mit dem Baby gemacht, dass es angefangen hat zu weinen?", fragte ich, sobald wir alle wieder im Auto saßen.

„Den Mann nennt man *Mohel*, Schirel", sagte Papa. „Er hat Roi ganz vorsichtig und ganz schnell die Vorhaut am Gliedchen abgeschnitten. Das ist das Zeichen, dass das Kind zum Volk Israel gehört und in den Bund, den Gott mit Abraham geschlossen hat, aufgenommen ist.

Es ist ähnlich, wie wenn man ein Baby tauft, und doch anders. Ähnlich ist, dass beide, ein getauftes und ein beschnittenes Baby, vergessen, was mit ihnen damals geschehen ist. Anders ist, dass man von dem Wasser der Taufe später nichts mehr sieht und spürt. Aber der beschnittene Junge, der sieht die Beschneidung an seinem Körper jeden Tag und weiß: „Ich gehöre zum jüdischen Volk, und mein Urururgroßvater ist Abraham."

„Und warum hat sich seine Mama die Tränen abgewischt?", wollte ich wissen.

„Weil einer Mama noch viel mehr als dem Kind selbst wehtut, wenn sie dem Schmerz ihres Kindes zusehen muss", antwortete diesmal Mama. „Aber das wirst du verstehen, wenn du selbst Kinder hast."

Unser Jerusalemer Tiergarten

Elchai und ich, wir beide, sind am letzten Tag des *Chanukka*-Festes geboren. So haben wir jedes Mal am gleichen Tag Geburtstag. Deswegen machten wir einmal mit seiner Familie aus, dass wir in den *Chanukka*-Ferien zusammen in den Zoo gehen. Als wir uns dort trafen, hatten Elchais Eltern einen Wagen dabei, der wie ein Laufstall auf Rädern aussah. In dem Wagen standen zwei kleinere Geschwister von Elchai und hielten sich an den Stäben fest.

Der Wagen war sehr geschickt. Die Kinder konnten darin stehen, sitzen oder liegen. Und wir konnten dort unsere Anoraks aufhängen. An diesem Tag schien die Sonne, und wir brauchten gar keine warmen Kleider.

„Siehst du, Mama", sagte Ruben, „ich wollte meinen Anorak nicht mitnehmen!" Das stimmte auch. Ruben will nie einen Anorak oder Pulli mitnehmen. Er sagte zu Mama: „Na gut, ich nehme ihn mit. Aber ich ziehe ihn nur an, wenn es mir kalt wird, und nicht, wenn es dir kalt wird!"

Chanukka ist immer im Winter. Im Sommer wird es in Jerusalem sehr heiß, und die Tiere liegen nur faul herum. Im Winter macht ein Zoobesuch viel mehr Spaß. Natürlich nicht, wenn es gerade regnet. Aber bei uns gibt es auch im Winter sehr viele schöne Tage, an denen der Himmel ganz blau ist. Zebras, Giraffen, Antilopen und Nashörner können bei uns das ganze Jahr über im Freien herumlaufen.

Unser Jerusalemer Zoo heißt „Biblischer Zoo". Bei uns ist eigentlich alles biblisch. Unser ganzes Land, sein Name und die Namen der Berge, Täler und Städte.

„So, Kinder", sagte Papa, „an welche Geschichte aus der Bibel erinnert ihr euch, in der irgendwelche Tiere vorkommen?"

Ich erinnerte mich gleich an eine: „David hat gegen Bären und Löwen gekämpft, Papa! Er musste seine Schäfchen verteidigen."

„Kommt, dann gehen wir zu den Bären", schlug Papa vor. Wir waren gleich dafür.

Die Bären haben in ihrem Gehege ein Wasserbecken, und wir schauten zu, wie sie im Wasser herumtollten. Ein Bär lag im Wasser auf dem Rücken und spielte mit einem Holzstöckchen. Er hielt es abwechselnd mit allen vier Pfoten. Dann gingen wir zu den Löwen. Ihr Gehege war nicht weit. Es gefiel mir sehr, wie sich die Löwinnen so majestätisch bewegten.

Danach erinnerte sich Elchai, dass der weltbekannte weise König Salomo für seine königlichen Gärten Affen und Pfauen aus exotischen Ländern mit Schiffen bringen ließ. So gingen wir zu den Äffchen. Wir mussten lachen, als wir sahen, wie sie sich mit ihren langen Armen und Schwänzen geschickt an Äste hängten, Purzelbäume schlugen, hintereinander herrannten und sich am Kopf kratzten. Oh, ich hätte auch so gerne ein Äffchen! Wie Pippi Langstrumpf. Aber mein Vater ist ja kein Piratenkönig und auch nicht der König Salomo. Und vor allem: Meine Mama wäre dagegen.

Dann gingen wir auf Holzbrücken an Antilopen und Damhirschen vorbei. Da fing Papa an zu erzählen: „Zu den Damhirschen gibt es eine ganz spannende Geschichte aus der heutigen Zeit. Als die islamische Revolution im Iran angefangen hatte, mussten alle Israelis ganz schnell das Land verlassen. Sie nahmen mit dem letzten Flugzeug auch ein paar Damhirsche mit. Ihnen hat es bei uns so gut gefallen, dass sie heute nicht nur im Zoo leben, sondern auch im Jerusalemer Wald."

„Gehen wir mal dahin, Papa?", fragte ich.

„Warum nicht, vielleicht am nächsten Samstag, falls Mama nicht schon andere Pläne hat", antwortete er.

Inzwischen waren wir zu der Arche Noah gekommen. So nennt man das Schiff, das Gott Noah vor der großen Flut bauen ließ. Darin wurden seine Familie und ganz viele Tiere gerettet.

Hier im Zoo ist es in Wirklichkeit kein Schiff, sondern ein Haus, in dem Filme über Tiere gezeigt werden und wo man auch Eis essen kann. Papa mag Eis sehr, deswegen sagt er nie Nein, wenn wir um ein Eis bitten. Mama mag Eis nicht so sehr, deswegen rät sie uns: „Fragt doch lieber Papa, ihr wisst doch, dass er zum Eis nie Nein sagt." Der kleine Bruder und die kleine Schwester von Elchai bekamen auch ein Eis.

Elchai schaute das Holzschiff an: „Was denkt ihr, haben da auch Dinosaurier reingepasst?"

„Vielleicht eine kleinere Dinosaurierart", sagte Samuel, „aber die riesigen sicher nicht."

„Sind sie also wegen der Flut ausgestorben?", fragte er weiter.

„Vielleicht", sagte Samuel. „Vielleicht hat Noah in sein Schiff Dinosauriereier mitgenommen."

„Dann würde er aber nicht wissen, ob es ein Weibchen und ein Männchen ist", überlegte ich.

Als wir uns so schön über Dinosaurier unterhielten, hörten wir auf einmal, wie jemand rief: „Zur Seite!" Ein Elefant, geführt von einem weiß gekleideten Mann, kam uns entgegen. Und hinter ihm noch einer und noch einer. Der zweite Elefant hielt sich mit seinem Rüssel am Schwanz vom ersten Elefanten und der dritte am Schwanz vom zweiten Elefanten.

Ich hatte gar nicht gewusst, dass Elefanten so groß sind. „Nein, Dinosaurier haben sicher nicht in die Arche Noahs reingepasst", sagte ich.

Der Mann, der die drei Elefanten führte, war als Grieche verkleidet. Es war doch *Chanukka*. Da denken wir an den Sieg der israelischen Makkabäer-Familie über die Griechen. In dem Krieg, den die Griechen gegen die Israeliten führten, sind sie auf Elefanten geritten. Wir schauten ihnen lange zu. Dann gingen wir weiter.

„Und wisst ihr, wie die Giraffe in der Bibel heißt und wo sie erwähnt wird?", fragte jetzt Elchais Papa. Niemand von uns wusste es, nicht einmal Samuel, der sehr viel über Tiere weiß. „Sie kommt in den Aufzählungen von Tieren vor, die man essen oder nicht essen darf. Rinder darf man zum Beispiel essen, Schweine nicht. Dort heißt sie aber anders als heute – *Semer*", verriet er uns doch.

„Stellt euch vor, wie das war, als es hier noch dichte Wälder mit Bären gab und als hier Giraffen frei herumgelaufen sind ...", fing ich an zu träumen. Dann kamen wir aber zu den Pinguinen. Ich wunderte mich, was sie eigentlich im biblischen Tiergarten suchten. „Leben Pinguine nicht in kalten Gegenden, Papa?", fragte ich. „Wo kommen sie in der Bibel vor?"

„Ganz am Anfang der Bibel", erklärte Papa, „wird darüber geschrieben, wie Gott alle Tiere, Fische und Vögel gemacht hat, jedes nach seiner Art. Da waren die Pinguine dabei. Erst danach hat er die Menschen geschaffen."

„Und konnten Adam und Eva im Paradies alle Tiere strei-
cheln und füttern?", fragte ich weiter.

„Das konnten sie. Selbst die riesigen Wildkatzen", sagte Papa
und schmunzelte. Ich denke, dass das Paradies der schönste
zoologische und botanische Garten aller Zeiten war! Niemand
hatte dort Angst, und niemand hat den anderen gefressen. Zu
Hause habe ich einen großen Hund und ich kann so richtig mit
ihm kuscheln. (Niemand soll denken, dass Mama und Papa mir
gar keine Tiere erlauben.) Aber mit einem Löwen oder Tiger
wäre es noch schöner.
Da beneide ich einfach
die ersten Menschen.

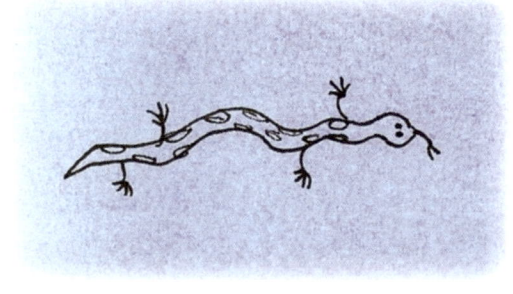

Damals im Para-
dies kam zu Eva eine
Schlange, die sprechen
und gehen konnte, und
verführte sie mit List.
Wisst ihr, warum ich denke, dass sie Füße hatte? Weil Gott die
Schlange bestrafte, dass sie von da an auf dem Bauch im Staub
kriechen musste. Sonst wäre es doch keine Strafe!

Ruben wollte dann unbedingt noch die Schlangen anschau-
en. „Sie sind so eklig", sagte er, als wir beim Terrarium mit den
Würgeschlangen standen.

„Warum wolltest du unbedingt hierher gehen? Wir hätten
uns die Papageien anschauen können", warf ich ihm vor.

„Sie sind zwar eklig", antwortete er, „aber sehr interessant."

Wir waren schon auf dem Weg zum Ausgang, als wir an einem Souvenirladen vorbeikamen. Dort waren wunderschöne
T-Shirts mit Pferden ausgestellt.

„Mama, kauf mir bitte ein T-Shirt mit einem Pferd drauf",
bettelte ich. Ich musste meine Mama am Ärmel ziehen, weil sie
so ins Gespräch mit Elchais Mama vertieft war.

„Na gut", sagte sie, „du hast ja bald Geburtstag. Und Elchai auch, er soll sich auch eins aussuchen." Ich wusste genau, welches T-Shirt ich wollte. Aber Elchai konnte sich lange nicht zwischen einem T-Shirt mit einem Elefanten und einem mit einem Löwen entscheiden. „Nimm doch den Elefanten, wenn *Chanukka* ist", sagte ich. „Na gut", sagte Elchai endlich, nachdem schon alle ungeduldig auf ihn gewartet hatten.

Inzwischen hatte sich die Sonne hinter den Wolken versteckt, und es wurde kühl. Ich ging und holte meinen Anorak aus dem Wagen. Da sagte meine große Schwester Maja: „Seht ihr, es ist immer gut, einen Anorak mitzunehmen, wenn Mama es sagt. An dem Punkt hat Mama in der Regel recht."

„Mama, mein Anorak ist klebrig!", rief ich entsetzt.

„Vom Eis?", lächelte Mama und schaute dabei auf die zufriedenen kleinen Genießer im Wagen.

Als wir schon im Auto saßen, sagte ich zu Mama: „Ich weiß nicht, ob ich Elchai beneiden soll oder nicht. Seine kleinen Geschwister sind sehr süß, aber sie machen alles klebrig."

Wir lernen biblische Geschichten und basteln dazu

Von allen Fächern in der Schule macht mir Sport am meisten Spaß. Danach kommt *Tanach*. Auf Deutsch heißt *Tanach* „Das Alte Testament". Es ist wirklich ein altes, sogar sehr altes Buch. Aber warum es Testament heißt, weiß ich nicht. Unsere Lehrerin Irit hat uns erklärt, dass *Tanach* eine Abkürzung von drei Worten ist: *Torah*, so heißen die fünf Bücher Mose in der Bibel, dann kommt das Wort *Neviim*, Propheten, und zum Schluss noch **Chtuwim**, die Schriften.

Irit kann sehr interessant die biblischen Geschichten erzählen. Als wir in der zweiten Klasse gerade Noah und die große Flut als Thema hatten, sagte sie auf einmal: „Heute bekommt ihr eine besondere Hausaufgabe: Ihr dürft zu Hause eine Arche Noah basteln." Sie sagte, dass es am besten wäre, wenn wir das Schiff aus Holz machen würden und dass es schwarz sein sollte, weil das Holz, aus dem Noah und seine Familie das große Schiff bauten, dunkel gewesen war.

Ich wusste überhaupt nicht, wie man so ein Schiff bastelt. ‚Aber Papa, der kann das vielleicht‘, dachte ich. Als ich damit zu Papa kam, sagte er gleich, dass er für so was keine Zeit habe. Mama kann nicht mit Holz arbeiten. Stricken oder nähen konnten wir das Schiff nicht. Trotzdem bastelte sie vor Jahren mit meinem Bruder die Bundeslade. Das war eine Truhe, in der die Israeliten ein paar sehr wichtige Sachen hatten. Die Truhe war mit Gold überzogen und darauf standen zwei Engel, die Cherubim heißen. Mama blieb nichts anderes übrig, als eine Metalldose zu nehmen und zusammen mit meinem Bruder darauf aus Alufolie die Engel zu formen.

Mir hatte sie im letzten Winter geholfen, einen achtarmigen *Chanukka*-Leuchter zu basteln. Aber das war viel leichter als ein Schiff.

„Die Schule hat immer Beschäftigungen für uns. Wie stellt Irit sich das vor? Eine Arche Noah!", beschwerte sich Mama. Ich wusste aber, dass sie mich nicht im Stich lassen würde. Als sie so nachdachte und sogar betete, erinnerte sie sich, dass wir Korkplatten haben. „Was denkst du, Schirel?", fragte sie. „Wenn du diesen Kork schwarz anmalst, sieht es doch wie ein dunkles Holz aus, oder nicht?" Ich wusste, dass sich Mama etwas einfallen lassen würde.

Schnell lief ich in mein Zimmer, um Wasserfarben und einen Pinsel zu holen. „Und wo hast du deine *Chulza schel Saba*?", fragte sie. *Chulza schel Saba* ist ein altes großes T-Shirt, das wir zum Malen anziehen, um nicht schmutzig zu werden. Wir nennen es „Opas Hemd". Ich lief noch einmal zurück und holte es. Dann breitete sie noch Zeitungen auf dem Tisch aus. Es dauerte mir viel zu lange. Ich konnte es nicht abwarten, die Arbeit an meinem Schiff zu beginnen.

„Und dann?", dachte Mama laut nach. „Wie wäre es mit einem Schuhkarton?"

„Schuhkarton?" Das konnte ich mir echt nicht vorstellen. Aber sie formte den Schuhkarton so geschickt, dass er vorne eine Spitze bekam. Als wir ihn dann mit dem schwarzen Kork beklebten, sah er aus wie ein echtes Schiff.

In der alten Geschichte wird erzählt, dass Gott Noah befahl, ein großes Schiff zu bauen. In diesem Schiff sollten nicht nur seine Familie, sondern auch sehr viele Tiere gerettet werden. Die sollte er paarweise mit hineinnehmen. Deswegen stellte ich ein paar Plastiktiere in den Karton rein und machte sie mit Klebstoff fest: zwei Löwen und zwei Schweinchen, zwei Kängurus und zwei Eichhörnchen.

„Ich habe keine Männchen, die wie Noah und seine Frau aussehen", sagte ich zu Mama.

„Dann male sie doch auf einen Karton und schneide sie aus." Das habe ich dann auch gemacht. Ich befestigte sie am Eingang. Neben sie stellte ich auf jeder Seite einen kleinen Hund. Das war süß.

So eine Schifffahrt mit vielen Tieren an Bord hätte mir sicher Spaß gemacht. Ich hätte Noah geholfen, die Tiere zu füttern und die Käfige sauber zu machen. Ich hätte ja Zeit gehabt und nicht in die Schule gehen müssen, wenn ich in der Arche auf dem Meer geschwommen wäre.

Mama und ich waren ziemlich stolz auf unser Schiff, als wir es zusammen in das Klassenzimmer trugen. Eine Klassenkameradin brachte gar kein Schiff mit und war traurig. Sie bat mich, mit mir zusammen meine Arche zu benutzen. Ich erlaubte es ihr und schrieb unsere beiden Namen auf die gebastelte Arche: Schirel und Noy.

In dem Moment stellte sich Zachi zu uns: „Pfui, Schweine!", sagte er. Nach ihm wiederholten es auch die anderen Jungs: „Pfui, Schweine!" „Pfui, Schweine!"

Zum Glück kam in dem Moment Irit ins Klassenzimmer. Sie wollte wissen, was vorgefallen war. Dann erklärte sie uns: „Vor dieser großen Flut haben Menschen gar kein Fleisch gegessen, weder Schweine noch andere Tiere."

Aber Zachi verkniff sich natürlich seine Bemerkungen auch danach nicht. Alle Mädchen dagegen fanden mein Schiff schön und sagten: „Die Schweinchen sind doch auch süß!"

Die Schiffe waren eine Zeitlang in unserem Klassenzimmer ausgestellt, und dann durften wir sie wieder nach Hause mitnehmen.

Als Tante Deborah zu Besuch kam, zeigte ich ihr als erstes meine Arche. „Was für ein schönes Schiff!", sagte sie. „Und warum stehen da zwei Namen? Hast du es mit einer Freundin zusammen gemacht?"

„Ja", sagte ich, „die Freundin war die Mama!" Mama seufzte nur, weil sie meinte, die Schule würde sie zu sehr beschäftigen. Dann lachten wir, und ich erzählte ihr von Noy.

Daraufhin sagte meine Tante: „Es war sicher ein großes Opfer von dir, nachdem du so viel Arbeit reingesteckt hast und dieses Mädchen hat nichts gemacht! Ich selbst habe meiner Mitschülerin in der achten Klasse immer erlaubt, sämtliche Hausaufgaben und Klassenarbeiten abzuschreiben, und so ist sie nicht sitzengeblieben. Doch am Anfang der neunten Klasse habe ich ihr gleich gesagt, dass ich zum Abschreiben nicht mehr zur Verfügung stehe, weil sie sich tatsächlich nur ein faules Leben auf meine Kosten gemacht hatte."

„Bei Noy war es etwas anderes", sagte ich. „Ich hätte es ohne Mamas Hilfe auch nie schaffen können, und ihre Eltern hatten echt keine Zeit."

Es war so schön, dass sich meine Tante mit mir über die Schule unterhielt. Ich erzählte ihr, dass Kinder dauernd meine Schere ausleihen wollen, weil sie ihre vergessen. Dann bekomme ich die Schere nicht mehr zurück. „Mama möchte keine neue Schere mehr kaufen", sagte ich. „Aber ich brauche doch eine Schere in der Schule. Und ich kann doch nicht immer Nein sagen, wenn jemand anderes sie braucht."

Tante Deborah dachte eine Weile nach, und dann sagte sie: „Binde doch die Schere an dein Mäppchen fest. Dann kann jeder, der sie braucht, zu dir kommen, aber die Schere bleibt da." Diese Idee fand ich ganz gut. Meine rote Schere band ich dann an den Reißverschluss von meinem Mäppchen fest. Ich habe sie immer noch.

Wir bauen eine Hütte

Wir freuen uns immer auf die Laubhüttenfestferien, das sind unsere Herbstferien. Aber nicht einfach nur, weil wir dann frei haben. Wir freuen uns, weil wir jedes Jahr im Garten eine *Sukka* bauen. *Sukka* ist eine Hütte, die Wände aus Stoff hat und ein Dach aus Zweigen. Alle Menschen in Israel sollen eine Woche lang in solchen selbstgebauten Hütten wohnen, damit sie nie vergessen, wie es war, als Gott sie aus der Sklaverei in Ägypten befreite und sie durch die Wüste ins verheißene Land, also hierher nach Israel, führte.

In der Wüste hatten die Israeliten keine richtigen Häuser. Sie hatten nur Zelte, die sie selbst bauten. Die schützten sie nur teilweise vor Hitze und Kälte. Vor Schlangen, Hyänen und Skorpionen schützten sie gar nicht. Gott möchte, dass man in Israel jedes Jahr daran denkt, dass er sein Volk die ganze Zeit in der Wüste vor Hitze, Kälte und wilden Tieren bewahrt hat.

Wir haben auch einmal in der Wüste gezeltet. Und stellt euch vor: Als Papa morgens aufwachte, sah er an der Zeltwand einen weißen Skorpion. Wenn er jemanden von uns gestochen hätte, hätte er sterben können. So ein weißer Skorpion ist sehr giftig.

Es gibt hier auch schwarze Skorpione. Ihr Stich tut sehr weh, wie von einer Wespe. Aber er ist nicht so giftig.

Ruben interessiert sich für Käfer. Deswegen hat ihm Opa einen durchsichtigen Behälter geschenkt, der als Deckel ein Vergrößerungsglas hat. Einmal rief Ruben

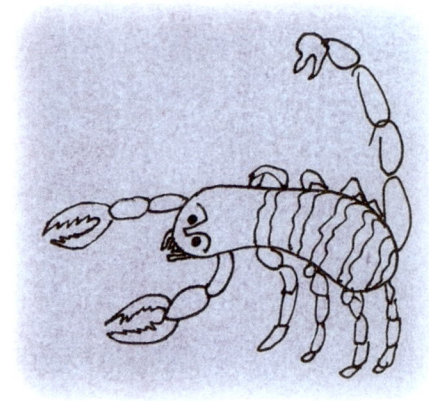

ganz aufgeregt: „Schirel, guck mal, was ich im Garten unter einem Stein gefunden habe!" Es war ein schwarzer Skorpion.

„Er ist süß", sagte ich. Wir taten ihn in ein Glas rein, das wir vorher mit Gras gefüllt hatten. Ich weiß nicht mehr, wer sich das ausgedacht hatte, aber wir nannten ihn Oskar. Wir sammelten für ihn Käfer zum Essen. Oskar aß sie gerne und lebte bei uns bis zu dem Tag, an dem wir leider schon eine Weile vergessen hatten, Käfer zu sammeln.

Dieses Jahr konnte ich das Laubhüttenfest gar nicht abwarten. „Papa, wann bauen wir endlich die *Sukka*?", fragte ich jeden Tag.

„Ich habe gerade so viel anderes zu tun, Schirel. Vielleicht am Freitagvormittag."

Ich wurde ärgerlich. „Wir bauen sie gar nie!", rief ich.

„Und haben wir überhaupt genug Schmuck?", fragte Mama in dem Moment. „Wie wäre es, wenn du ein paar Ketten basteln würdest?"

Ich rannte sofort zum Telefon, um Ofek anzurufen. Ich fragte, ob sie mit mir Ketten für die *Sukka* basteln wollte. Nach einer halben Stunde war sie schon bei mir. Ich holte aus meinem Schrank bunte Papiere, mein Mäppchen mit Stiften und der angebundenen Schere und ein Lineal.

Ofek zeichnete mithilfe des Lineals Striche auf gelbe, grüne und lila Blätter. So entstanden bunte Streifen, die ich dann ausschnitt. Aus jedem langen Streifen machte ich danach kurze Streifen. Dann heftete ich den ersten Streifen zusammen. So entstand ein Ring. Den nächsten Streifen legte ich in den Papierring hinein und heftete ihn auch zusammen. So entstand nach und nach eine dreifarbige Kette.

„Ich möchte auch heften", bat Ofek.

„Lass mich diese Kette fertig machen", sagte ich, „und dann darfst du die nächste Kette zusammenheften."

„Hast du noch andere Farben?", fragte sie. „Ich mag orange lieber als gelb." Sie bastelte dann eine wunderschöne orange-rot-braune Kette.

„Ofek", fiel mir auf einmal ein, „willst du nicht einmal bei mir in der *Sukka* übernachten?"

„Das ist eine tolle Idee!", sagte Ofek. „Klar will ich das! Aber zuerst muss ich zu Hause fragen."

Am Freitagvormittag stellte Papa mithilfe von Samuel wirklich die Metallstangen auf und befestigte daran Stoffe als Wände. Dann machten sie ein Dach aus Palmzweigen. Das Dach ist nur aus Zweigen, damit wir durch die Zweige den Sternenhimmel sehen können und daran denken, dass Gott vor langer, langer Zeit Abraham versprochen hat, dass seine Nachkommen so viele werden, wie die Sterne am Himmel. Und dass sie hier in Israel wohnen werden.

„So, jetzt könnt ihr die Laubhütte schön schmücken", sagte Papa und schaute sein wunderbares Werk noch einmal an. Ich ging in die Hütte hinein. Wie schön gemütlich es schon jetzt war! Wie wird es erst sein, wenn wir die *Sukka* geschmückt haben? ‚Wo ist meine Schwester?', dachte ich auf einmal. Ich fand sie in ihrem Zimmer. „Zippi, hilfst du mir?", fragte ich und hielt ihr meine selbstgebastelte bunte Kette vor die Augen.

„Klar doch!", sagte Zippi. „Aber wo ist der ganze Schmuck?" Wir haben eine ganze Box voller Schmuck. Viele Sachen darin haben wir selber gebastelt, einige haben wir von Freunden bekommen und ein paar Sachen haben wir gekauft.

„Ich weiß nicht", sagte ich laut. „Ich frag Mama."

„Mama ist einkaufen gegangen", rief Papa, der schon wieder auf dem Weg in sein Büro war.

„Papa, weißt du vielleicht, wo der Schmuck für die Laubhütte ist?", rief ich ihm zu.

„Ich weiß nicht, ihr müsst warten, bis Mama wieder zurückkommt", antwortete er.

Die Zeit, bis Mama kam, schien mir unendlich lang. Sobald sie auf der Treppe erschien, lief ich zu ihr: „Mama, wo ist der ganze Schmuck für die *Sukka*?", fragte ich sie ungeduldig.

„Schirel, siehst du denn nicht, dass ich Taschen trage?", entgegnete sie. Schnell nahm ich Mama eine Tasche ab. Dann half ich ihr noch, alles in den Kühlschrank einzuräumen. Am Laubhüttenfest laden wir nämlich Gäste ein, und Mama hatte dafür einen großen Einkauf gemacht. Danach zog sie endlich die Box mit dem Schmuck aus dem Schrank heraus.

Inzwischen stellte Samuel Tische und Stühle in unsere Hütte. Das war für mich sehr günstig. Ich konnte mich dann auf den Tisch stellen, um Ketten und Schmuck aus glänzendem Papier aufzuhängen. Zippi und ich banden die Sachen mit einer Schnur an die Palmzweige. Gerade in dem Moment, als Zippi einen Vogel aus Styroporkugeln, den Ruben im Kindergarten gebastelt hatte, aufhängen wollte, stand Ruben da.

„Den hängt ihr aber nicht auf!", sagte er. „So ein kindischer Schmuck!"

„Aber Rubi", rief Mama aus der Küche, deren Tür zum Garten offenstand, „den hast du doch für mich gemacht. Und ich möchte, dass er dort hängt." Der Vogel hat einen Zettel im Schnabel, auf dem „Ein gutes Jahr!" steht. Das neue Jahr beginnt nämlich bei uns kurz vor dem Laubhüttenfest.

„Na gut", sagte Ruben, aber ihr dürft niemandem erzählen, dass ich ihn gemacht habe!"

Unser Fest fängt am Abend an, wie Weihnachten

Als alles Essen vorbereitet war, schlich ich mich aus der Küche raus und setzte mich in die geschmückte Laubhütte. Viele Menschen schmücken ihre Hütten mit elektrischen Lichterketten. Dann erinnern sie an einen Weihnachtsbaum. Wir mögen lieber das Kerzenlicht. Das Fest beginnt beim Vollmond und so erleuchtet der Mond schön die Nacht.

Außer all dem Schmuck, von dem ich schon erzählt habe, hängen wir auch Bilder von Menschen aus der biblischen Zeit auf. Wir nennen sie Gäste. Insgesamt sind es sieben. Für jeden Tag ein Gast. In der *Sukka* sollen wir nämlich sieben Tage lang wohnen. Ich schaute mir das Bild von Vater Abraham mit seinem langen, weißen Bart an. Ich stellte mir vor, wie er mich auf den Schoß nimmt und erzählt. Er erzählt, wie es damals war, als er selber im Zelt wohnte und plötzlich an einem sehr heißen Tag drei Gäste zu ihm kamen. Wie er zu ihnen rannte und sie in den Schatten eines großen Baumes einlud. Wie er ihnen Wasser für die staubigen und müden Füße hinstellte. Und dann gab es natürlich auch ein leckeres Essen.

Diese drei Männer waren keine gewöhnlichen Männer. Sie sagten zu ihm, dass er, obwohl er damals schon hundert Jahre alt war, mit seiner neunzigjährigen Frau Sarah einen Sohn bekommen würde. Er erzählt, wie seine Frau gelauscht hatte und in ihrem Herzen lachen musste. Die Männer merkten es. Sie sagten zu Sarah und Abraham, dass bei Gott gar nichts unmöglich ist. Ja, und ihr Wort hat sich erfüllt. Ein Jahr später kam Abrahams und Sarahs Sohn Isaak zur Welt.

Manchmal bitte ich Mama um ein Baby. Ich habe nur ältere Geschwister. Aber sie lacht nur und sagt, dass sie dafür schon zu alt ist. Als ich Abraham so anschaute, fiel mir etwas ein: ‚Was,

wenn doch …?' Ich ging in die Küche zurück. „Mama, wie wäre es, wenn wir doch noch ein Baby bekommen würden?"

„Schirel, wie kommst du jetzt auf solche Gedanken? Du weißt doch, dass wir Ben und seine Familie erwarten!" Dann dachte sie doch einen Moment nach: „Weißt du, was? Vielleicht dauert es nicht mehr lange, und du wirst eine Tante!" Meine älteste Schwester Maja ist mit Ben verlobt und will bald heiraten.

Als Ben mit seinen Eltern und Geschwistern ankam, gingen wir alle ihnen entgegen, um sie zu empfangen. Maja hatte ihr schönstes Kleid an. Bens Eltern umarmten sie gleich und nannten sie „unsere Maja". Danach setzten wir uns zusammen an den Tisch in der Laubhütte. Es gab ein Festessen. Wir unterhielten uns und sangen. Maja liebt Musik. Und es zeigte sich, dass Bens Familie auch Musik liebt. Sein Papa erzählte, dass er als junger Mann ganz allein nach Israel kam. Auch seine Frau hatte hier niemanden. Er sagte, dass er sehr froh sei, dass sie jetzt in Israel auch uns als Familie haben werden. Er sang ein paarmal das gleiche israelische Lied: „Du wirst die Söhne deiner Söhne sehen, Schalom für Israel." Ich schaute schnell, was Maja dazu sagt. Sie lächelte etwas unsicher, aber Ben schaute sie die ganze Zeit verliebt an. Ich freue mich schon jetzt auf die Hochzeit. Und ich glaube, dass Majas Kinder nie allein sein werden. Sie werden eine tolle Tante haben!

Ich habe auch einen Gast

Am Laubhüttenfest besuchen sich Menschen gegenseitig in ihren Hütten. In unserer *Sukka* hängt auch das Bild von Abrahams Sohn Isaak und von Abrahams Enkelsohn Jakob. Sie sind die Stammväter Israels, und natürlich möchte jeder sie als Gäste bei sich in der *Sukka* haben. Diese alle wohnten damals in Zelten und zogen mit ihren Großfamilien und Herden hin und her. Der Urenkel Abrahams, Josef, wurde Unterkönig am Hof des Pharao in Ägypten. Dieser Josef ist der Gast am vierten Tag vom Sukkot-Fest. Zwei weitere Gäste sind die Brüder Mose und Aaron, die lange Zeit nach Josef das Volk Israel aus Ägypten geführt haben. Der letzte Gast am siebten Tag ist David. Er war ein Hirte, wurde aber später König und wohnte dann natürlich in einem Palast in Jerusalem. Ob er mir erzählen würde, wie er damals gegen den Löwen und ein anderes Mal gegen einen Bären seine Schafe verteidigte?

Ich lud meine beste Freundin Ofek ein. Sie konnte nicht gleich am ersten Abend kommen, weil sie selber Gäste hatten. Am Abend danach waren sie bei Opa und Oma. Aber am dritten Tag rief sie mich an und sagte, dass sie am Abend kommen würde, und fragte, ob sie ihren Schlafsack mitbringen soll. Ich sagte ja, aber Matratzen hätten wir genug. Als wir schon bequem in der *Sukka* lagen, kam Mama, um mir noch einen Gute-Nacht-Kuss zu geben und mit mir kurz zu beten.

Endlich zusammen! Gerade fing ich an zu erzählen, dass Maja heiraten wird, als wir ein unangenehmes Geräusch vernahmen: „Sssssssssssssss." Ich schlug nach der lästigen Stechmücke. Und wieder hörten wir ein „Sssssssssssssss."

„Ihr habt hier viele Stechmücken", sagte Ofek. „Wir müssen den Kopf in den Schlafsack stecken."

Danach weiß ich nur noch, dass ich irgendwann vor Kälte aufwachte. Auch Ofek drehte sich hin und her, obwohl es noch dunkel war. In dem Moment erinnerte ich mich, dass ich zu Hause ein bequemes Bett mit einer kuscheligen Decke hatte.

„Komm, Ofek, wir gehen zu mir!"

„Warum so früh?", fragte Papa, der sich schon in der Küche einen Kaffee kochte. „Ihr habt doch Ferien!"

„Wir stehen doch gar nicht auf, Papa", sagte ich im Halbschlaf, „wir gehen gleich wieder ins Bett!"

Ein Gladiolenfeld

Vielleicht wisst ihr schon, dass ich eine Oma und einen Opa im Schwarzwald habe. Wo sie wohnen gibt es echt dunkle Wälder, aber auch Wiesen und Blumenfelder. Echte Blumenfelder mit einem Schild, auf dem steht: „Blumen zum Selberschneiden". Unter diesem Schild steht eine Kasse und ein paar Messer liegen dabei. Dort steht auch, wie viel eine Sonnenblume, eine Gladiole oder eine Dahlie kostet.

Mama liebt Blumen und verschenkt sie auch gerne. Wenn wir am Blumenfeld vorbeifahren, zählt sie jedes Mal ihr kleines Geld, um zu sehen, wie viel Blumen sie kaufen kann. In die Kasse muss man nämlich die Münzen passend reinlegen. Es gibt dort niemand, der ein Rückgeld rausgeben würde. Ich mag die Blumenfelder auch sehr. Einmal fing ich an zu träumen: Wenn ich nur zu Hause in Jerusalem ein Gladiolenfeld haben könnte!

Und denkt euch, womit mich meine Mama zum Geburtstag überraschte. Als ihre Freunde aus Deutschland im Herbst fragten, was sie ihr mitbringen sollen, sagte sie: „Bringt mir bitte Gladiolenzwiebeln." Aber woher sollten sie im Herbst Gladiolenzwiebeln bekommen? Die Blumenzwiebeln bestellten sie aus Holland! Wisst ihr, bei uns muss man die Blumenzwiebeln im Herbst in die Erde tun, wenn wir wollen, dass sie im Frühjahr schön blühen. Im Sommer ist es ihnen bei uns zu heiß, genauso, wie den Tieren im Zoo.

Als die Zwiebeln ankamen, machte Mama im Garten ein ganz neues Blumenbeet. Ich kam aus der Schule und sah, wie sie ganz verschwitzt aus der Erde Steine ausbuddelte.

„Was machst du, Mama?", fragte ich.

„Ich habe mich entschieden, ein neues Blumenbeet zu machen", sagte sie, als ob gar nichts los wäre. Sie wollte mich mit den Gladiolen überraschen.

Ganz verheimlichen konnte sie es aber nicht. Und außerdem konnte sie es nicht genau zeitlich planen. Ich habe im Dezember Geburtstag, und da ließen die Pflanzen erst ihre ersten Blätter aus der Erde rausschauen. So bekam ich zum Geburtstag ein Gladiolenfeld. Die ersten Tage beobachtete ich gespannt, wie sie wachsen ... aber es dauerte so lange, bis ich es wieder ganz vergaß.

An einem schönen Frühlingstag rief mich Mama in den Garten. Sie zeigte mir eine wunderschöne rote Gladiole, die als erste aufblühte. In den Tagen danach gingen weitere Blüten auf: gelb und lila und weiß-rosa und dann ein paar ganz weiße. Mama sagte mir, dass sie die Zwiebeln in der Form eines Herzens gesetzt hat, aber die ungehorsamen Blumen blühten nicht auf einmal und so konnte ich das Herz nur ahnen. Wenn ich es euch so erzähle, dann denke ich, dass Mama mich sehr liebhat.

Ich fragte, ob ich ein paar Gladiolen in die Vase in meinem Zimmer stellen darf.

„Klar, das darfst du", sagte Mama, „es sind doch deine Gladiolen." Wir hatten so viele, dass sie in einer Vase in meinem Zimmer und im Wohnzimmer stehen konnten, und es blieb noch ein schönes Blumenbeet im Garten. „Du musst ihnen ab und zu frisches Wasser geben und von unten die verblühten Teile wegmachen. Dann bleiben sie lange schön", erklärte mir Mama. Ich suchte eine große Glasvase aus und stellte die Blumen auf den Tisch in meinem Zimmer. Sie waren wunderschön! „Es wäre noch schöner, wenn du deinen Tisch etwas aufräumen würdest", sagte Mama und sammelte einen leeren Joghurtbecher und ein Glas mit Saft vom Tisch.

Ein Jahr danach trieben die Pflanzen wieder aus. Mama und ich beobachteten, wie ihre spitzen Blätter länger wurden, und freuten uns auf das Frühjahr. Aber eines Tages lagen die grünen Blätter auf der Erde und daneben waren Löcher.

„Das kann doch nicht wahr sein! Kommt schnell her!", rief Mama. „Irgendein Ungeheuer hat die Gladiolen ausgegraben und die Zwiebeln aufgefressen."

„Ein Stachelschwein?", überlegte Papa. „Vor Kurzem habe ich einen schwarzweißen Stachel gefunden."

„Die habe ich dort verloren", lachte Samuel, der eine Natursammlung hat: von Muscheln bis zu Stachelschweinstacheln ist da alles dabei.

Das Gleiche wiederholte sich am nächsten Tag. Mama buddelte alle restlichen Zwiebeln aus dem Blumenbeet. „Ich muss sie retten", sagte sie. Danach setzte sie sie in Blumenkästen. Aber in dem Jahr blühten keine mehr.

Als Ruben eines Abends vom Fußball nach Hause kam, war es schon dunkel. In der Nähe vom Haus hörte er etwas grunzen. Er leuchtete schnell mit seinem Handy auf die Stelle, von wo die Geräusche kamen. Da erblickte er nicht nur ein Stachelschwein auf der Flucht, sondern eine ganze Stachelschweinfamilie. Sie kamen, um in unserem Garten zu schauen, ob es da nicht etwas Leckeres zum Essen gäbe.

Ein Brand

Als ich klein war, erlebte ich einen Brand ganz in der Nähe von unserem Haus. Gleich hinter unserem Zaun fängt ein Park an. Ein paar Kinder spielten dort mit Feuer, und es entstand ein Brand. Das Feuer zischte und rasselte und breitete sich schnell aus. Ich hatte große Angst. Die Feuerwehr löschte das Feuer schnell, aber meine Angst blieb.

Eden aus der Nachbarschaft merkte es und ärgerte mich damit. Sobald er mich sah, rief er mir zu: „Feuer, Feuer!" Mama sagte, dass ich ihn gar nicht beachten sollte. Aber das konnte ich nicht. Ich ging lieber nach Hause. Heute habe ich keine Angst mehr und niemand kann mich damit ärgern. Aber ich bin mit Feuer sehr vorsichtig und meine Mama auch.

Einmal spielte ich im Garten, und Mama hängte gerade Wäsche auf. Da sahen wir über den Zaun, dass ein paar Jungs eine Thunfischdose öffneten und mit einem Feuerzeug das Öl anzündeten, damit der Thunfisch grillt. Dazu stellten sie die Dose auf einen Stein, aber drum herum war verdorrtes Gras. Die Flammen waren ziemlich hoch.

Als meine Mama die Flammen sah, versuchte sie den Jungs klarzumachen, dass es gefährlich ist. Aber sie sagten, es sei ihr Vesper und es könne gar nichts passieren. Mama wartete nicht lange. Sie schnappte den Gartenschlauch und rief: „Aus dem Weg, Jungs!" Dann löschte sie die brennende Thunfischdose. ‚Ja, Mama könnte zur Feuerwehr gehen', dachte ich. Sie traf ganz genau!

Die Jungs ärgerten sich, dass sie keinen gegrillten Thunfisch hatten. Sie wollten nicht verstehen, dass es gefährlich war. Als sie mit Mama über unseren Zaun so diskutierten, erblickten sie Aprikosen auf unserem Baum.

„Kriegen wir eine Aprikose?", fragten sie. Der Thunfisch war vergessen.

„Gerne doch!", sagte Mama. „Ich wollte euch gar nicht ärgern. Aber noch einen Brand wollen wir nicht erleben." Sie hatte wirklich Angst, dass das trockene Gras Feuer fangen könnte. Ich war ganz froh, dass nichts passiert war und dass wir im Guten auseinandergingen.

Ein Besuch bei der Feuerwehr

Die Eltern meiner Freundin Adi arbeiten beide bei der Feuerwehr. Ihre Mama arbeitet im Büro und ihr Papa mit dem Löschwagen. Eines Tages sagte Adi, dass unsere ganze Klasse eingeladen ist, die Feuerwehrstation anzuschauen. Unsere Lehrerin Irit fand das wunderbar passend, weil bald das Fest *Lag baOmer* war und die Feuerwehrleute uns erklären könnten, wie man mit Feuer umgehen sollte. „Außerdem", sagte sie, „passt es gut zum Thema Naturschutz, das wir ja gerade behandeln."

Wir freuten uns sehr! Zum einen sind wir immer froh, wenn wir statt dem Unterricht woanders hingehen. Zum anderen finden die meisten von uns die Feuerwehr echt interessant. Während des *Lag baOmer*-Festes, wenn überall Lagerfeuer angezündet werden, fahren sie auf den Straßen und Wegen überall herum und passen auf, dass nirgendwo ein Brand entsteht.

Die Feuerwehrstation ist nicht weit von der Schule. Wir konnten zu Fuß dorthin gehen. Natürlich wieder in Zweierreihen. Alle Mädchen wollten auf einmal mit Adi gehen. Aber es ging natürlich nicht.

Adis Papa wartete schon auf uns. „Ich bin Miki", sagte er, „und ich möchte euch unsere Arbeit vorstellen. Kommt, ihr dürft jetzt den Löschwagen anschauen." Wir durften uns einer nach dem anderen in das große, rote Feuerwehrauto setzen.

„Werden wir auch fahren?", fragte Ofek, als wir nacheinander reinkletterten und uns bequem hinsetzten.

„Das geht bei so vielen Kindern nicht", sagte Miki. „Dann müssten wir hier bis zum Morgen bleiben."

Stattdessen lud er uns zu einer kleinen Übung ein. Er stellte Flaschen hin, und wir mussten sie mit dem Wasserstrahl aus dem Feuerwehrschlauch treffen und umwerfen. Es sah so leicht aus. Deswegen meldete ich mich als Erste.

„Achtuuung, fang an!", rief Miki. Der Wasserstrahl war so stark, dass ich fast nach hinten umgefallen wäre. Das hatte ich echt nicht erwartet! Ich wackelte ein bisschen, fand aber mein Gleichgewicht bald wieder. Meine Klassenkameraden wurden ganz still. Aber dann lachten sie. Und wie! Für alle anderen war es natürlich leichter. Weil sie schon wussten, was sie erwartete.

Nachdem alle diese Übung absolviert hatten, erzählte Miki: „Weil es im Sommer nie regnet, haben wir als Feuerwehr viel Arbeit. Das trockene Gras und das Dornengestrüpp können innerhalb von Sekunden in Flammen aufgehen. Manchmal reicht eine herumliegende Scherbe oder eine weggeworfene Zigarette." Er machte uns sehr deutlich, dass wir nie mit Feuer spielen sollten. Danach sagte er, dass wir ihn alles fragen können. In dem Moment kam Adis Mama aus dem Büro und brachte uns kalte Limonade. Sie gab jedem von uns einen Plastikbecher und einen Beutel *Bamba* – leckere Erdnussflips. Dann mussten wir schon zurück in die Schule.

Stellt euch vor: Als wir an *Lag baOmer* am Feuer saßen, hielt direkt neben uns ein Feuerwehrwagen. Darin saß Adi mit ihrem Papa. „Du kannst mitkommen!", rief sie mir zu.

Miki stieg aus, machte die Tür auf Adis Seite auf und sagte zu mir: „Steig ein!" Mein Papa nickte mir zu. So war ich an dem Abend bei der Feuerwehrwache dabei. Wir fuhren von einer Feuerstelle zur anderen und passten auf, dass nichts passierte. Manchmal hiel-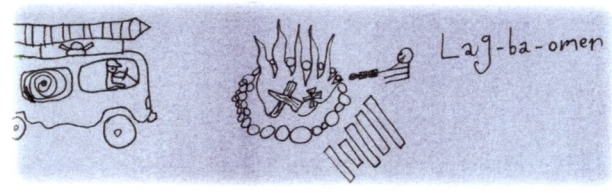ten wir an und Miki stieg aus. Er machte die Menschen am Lagerfeuer darauf aufmerksam, wenn die Flammen zu hoch waren oder wenn die Feuerstelle zu nah am trockenen Gras war. Ich denke, wenn ich groß bin, dann gehe ich zur Feuerwehr!

Lag baOmer

Jedes Jahr freuen wir uns sehr auf das *Lag baOmer*-Fest, auch wenn wir dafür schwer arbeiten müssen. An diesem Fest machen wir ein Lagerfeuer. Damit das Feuer die ganze Nacht brennt, muss man viel Holz sammeln. Ruben hat einen Freund aus der Nachbarschaft, der vier Jahre älter ist. Er heißt Benjamin. Ruben darf mit ihm und noch anderen Freunden am Feuer übernachten. Um mich würde sich Mama sorgen, und deswegen muss ich immer mit meinen Eltern nach Hause kommen. Sie hätte es Ruben auch nicht erlaubt, wenn Benjamin nicht älter wäre. Sein Papa hat auch versprochen, dass er nach den Jungs schauen wird, zumal sie direkt am Hang oberhalb von der Feuerstelle wohnen.

Wir drei – Ruben, Benjamin und ich – verabredeten uns nach der Schule, weil das Fest schon bald anfangen würde. Wir zogen los, um abgebrochene Zweige zu suchen. Bei uns schneit es sehr selten. Aber gerade im letzten Winter hat es geschneit. Der nasse Schnee hat den armen Bäumen, die es nicht gewöhnt sind, viele Zweige abgebrochen. Jetzt im Mai lagen sie noch immer herum, und wir konnten gar nicht alle mitnehmen.

„Wir holen uns einen Einkaufswagen vom Supermarkt", schlug Benjamin vor. Ich weiß, dass Mama diese Sitte, Einkaufswagen zum Holzsammeln zu benutzen, nicht gerade gut findet. Aber sie beschwert sich vor allem, dass die Ein-

kaufswagen nach dem Fest überall in der Landschaft liegen bleiben. Und wir werden unseren Einkaufswagen ganz sicher zurückbringen! Das versprach ich mir selbst. Deswegen sagte ich nichts und ging mit den Jungs los, um den Wagen zu holen.

Als unser Wagen ganz voll war, wollte ich nach Hause gehen. Aber Ruben sagte, dass das Holz noch nicht reicht, weil Benjamin und er beim Feuer übernachten wollen. Also mussten wir noch mehr sammeln. Es war ganz schön heiß. Wir mussten in die Büsche kriechen, und ich zerkratzte mir beide Knie und Hände. Jeder kann sicher verstehen, dass ich es nicht für fair halte, dass ich nach solchen Opfern, die ich brachte, nur bis 11 Uhr abends am Feuer bleiben durfte!

Wir fanden noch ein kaputtes Sofa. Den Jungs gelang es, die Holzbeine und Lehnen abzumontieren. Dann hatten wir noch das Glück, eine weggeworfene Holzpalette vom Bau zu finden. Palettenholz brennt wunderbar. Außerdem kann man auf so einer Holzpalette schön sitzen.

Das ganze Holz versteckten wir dann an einem Platz in den Büschen. Das würde noch fehlen, wenn jemand unser Holz finden und für sein eigenes Feuer benutzen würde. Den Einkaufswagen musste natürlich ich zum Schluss zurückbringen. Die Jungs hatten schon etwas Wichtigeres zu tun. Fußball wollten sie nach der harten Arbeit in der Hitze nicht mehr spielen. Aber Computerfußball geht immer.

Irit warnte uns, keine Bretter von Baustellen zu entfernen. Das wäre Diebstahl. Das war natürlich nicht das einzige, was sie uns zu dem Fest erklärte. Sie erzählte uns von dem Mut der jüdischen Männer, die sich einst unter der Führung von Bar Kochba ganz tapfer gegen die Verfolgung durch die Römer auflehnten. Wenn sie einen Ort zurückerobert hatten, verkündeten sie ihren Sieg durch das Anzünden von Feuer auf einem Berg. So gab man sich damals vor fast zweitausend Jahren Nachrichten weiter. Auch wenn uns das Feuer viel Spaß macht, sollen wir auch an diejeni-  gen denken, die ihr Leben für die Freiheit und den jüdischen Glauben geopfert haben.

Die Römer hatten auch Rabbi Akiwa sehr brutal gequält. Von Rabbi Akiwa habe ich schon im Kindergarten gehört. Dort haben wir über ihn ein Lied gelernt. Es handelt davon, dass er ein großes Gebot aus der Torah lehrte: „Liebe deinen Nächsten wie dich selbst!" Seine Nachfolger hatten sich aber nicht an das Liebesgebot gehalten. Deswegen brach unter ihnen eine Epi- demie aus. Die hörte genau am 33. Tag nach Passa auf, in der Zeit, die man *Omer* nennt. Ihr wisst schon, dass jeder Buchstabe des hebräischen Alphabets gleichzeitig eine Zahl ist. Deswegen schreibt man 33 mit den Buchstaben *Lamed* und *Gimel*. Und deshalb heißt dieses Fest **Lag** *baOmer*.

Am letzten Tag brachten wir das Holz aus unserem Ge- heimversteck zur Feuerstelle. Diesmal liehen wir dafür unseren Schubkarren aus. Wir fanden nämlich auch schwere Holzstü- cke. Alles stapelten wir schön am Hang unter Benjamins Haus auf. Dann wollten wir uns bei Benjamin ein bisschen ausruhen. Wir tranken kalte Limonade und aßen Pitabrot mit Nutel- la. Dann gingen wir zum Schlafzimmerfenster, denn von dort konnte man gut unsere Feuerstelle beobachten.

„Das kann nicht wahr sein!", riefen wir alle drei wie aus ei- nem Mund. Es war unglaublich, was sich da vor unseren Augen abspielte. Am Wegrand hielt ein Auto an, jemand lud unsere schönsten Holzstücke ein und fuhr weg.

Wir rannten den Hang runter. Aber als wir ankamen, war das Auto mitsamt der Beute längst weg. Danach vereinbarten wir, dass wir bis zum Abend Wache halten werden. Jeder von uns zwei Stunden. Als ich neben der Feuerstelle saß und nachdachte, bekam ich auf die frechen Diebe eine große Wut. „Wie stellen die sich das vor? Wie können die nur einfach so, ohne jegliche Anstrengung, unser Holz klauen!" Dann fing ich an, das alles Gott zu erzählen. Ich sagte ihm, dass es überhaupt nicht fair war, dass wir dafür so viel gearbeitet hatten und jetzt diese Frechen unser bestes Holz weggenommen haben. Nachdem ich ihm alles erzählt hatte, fühlte ich mich erleichtert und betete sogar für die Diebe. Ich betete, dass Gott es ihnen vergibt, aber vorher sollte er ihnen ein mächtig schlechtes Gewissen geben!

Als ich nach meiner Wache nach Hause kam, erzählte ich alles meinem Papa. Er sagte, dass es sehr gut sei, dass ich mich nicht mehr ärgere. Durch Ärger würde ich nur mir selbst und den anderen den Abend verderben. Dann versprach er mir noch, dass er abends ein paar Stücke von unserem Heizholz bringen würde. Weil er dieses Holz kaufen muss, mag er es nicht einfach so für *Lag baOmer* hergeben, aber dieses Mal würde er doch eine Ausnahme machen.

Der Abend war sooo schön! Wir saßen am Feuer, brieten Kartoffeln, grillten, aßen Salate und redeten. Die Zeit verging sehr schnell, und schon musste ich mit meinen Eltern nach

Hause gehen. Wir kamen noch an vielen Feuerstellen vorbei. An so einem Abend gibt es in Jerusalem überall Lagerfeuer.

Als wir abends im Dunkeln nach Hause kamen, sahen wir, dass Mama vergessen hatte, die Wäsche von der Wäscheleine abzunehmen. Schwere Rauchwolken von umliegenden Feuerstellen hingen in der Luft. Die frisch gewaschene Wäsche stank so sehr nach Rauch, dass man sie nochmal waschen musste. Mama hätte fast schlechte Laune bekommen, und das hätte auch mir und Papa die Laune verdorben. Aber Papa sagte nochmal, dass es schade wäre, sich nach so einem schönen Abend die Laune verderben zu lassen und half Mama, die Wäsche abzunehmen und sie ins Bad zu tragen.

Mama ärgerte sich trotzdem, auch wenn sie sagte: „Ich ärgere mich über mich selbst. Wie konnte ich gerade heute die Wäsche vergessen?" War das vielleicht deswegen, weil wir Mama gebeten hatten, uns mit dem Auto Matratzen, Grill, Wasserflaschen und einen kleinen Tisch zu bringen? Ich hatte mich an diesem Tag entschieden, noch schnell einen Kuchen zu backen. Ganz selbständig! Dann musste ich schon zum Feuer eilen und hatte keine Zeit mehr gehabt, die Küche aufzuräumen.

Ich bin sehr traurig

Als ich geboren wurde, hatte ich nicht nur vier ältere Geschwister, ich hatte auch einen großen, weißen, wuscheligen Hund. Er war ein wahrer Hunde-Gentleman. Mama erzählte mir, wie geduldig er war, als ich als Baby neben ihm watschelte und mich an seinem Fell festhielt. Ich hatte daran gezogen und es hat ihm sicher wehgetan. Aber er ertrug es, ohne sich zu beschweren. Ich konnte mit ihm alles machen.

Daran kann ich mich nicht mehr erinnern. Aber ich erinnere mich, wie wir miteinander Fangen spielten. Er fasste mich mit seinen großen Zähnen vorsichtig am Ärmel. Wenn ich auf dem Boden mit meinen Puppen spielte, kam er und zog mich am Ärmel: „Komm, spiel doch mit mir!“ Er wollte auch mit unserer Katze Simi spielen. Er duckte sich vor ihr und sprang plötzlich auf. Aber unsere Katzendame hatte für solche Spiele nichts übrig. Sie schlug nur mit ihren Krallen nach ihm.

Unser Fero war immer dabei. Er machte mit uns Ausflüge zum Meer und in die Wüste. Mama lachte: „Aus einem Berghund ist ein Meereshund und ein Wüstenhund geworden!“ Wenn wir vom Meer kamen, mussten wir ihn mit dem Schlauch abspritzen, damit ihn das Salzwasser nicht brannte. Und wenn wir aus der Wüste kamen, war er so voll Staub und Sand, dass wir ihn baden mussten. Wir füllten unser altes blaues Planschbecken mit Wasser. Es war früher mein Planschbecken. Später badete nur noch Fero darin.

In der letzten Zeit wollte er nicht mehr spielen. Wir konnten ihn auch nicht mehr zu Ausflügen mitnehmen. Er konnte nicht mehr gut gehen. Einmal, als ich von der Schule nach Hause kam, sagte Mama: „Fero geht es sehr schlecht! Etwas tut ihm sehr weh." Sie rief den Tierarzt an und bat ihn, zu uns nach Hause zu kommen. Fero lag auf dem Boden und konnte nicht mal aufstehen. Ich holte meine Bibel und las ihm vor. Ich wollte, dass er sich besser fühlte.

Dann sagte Mama, dass wir ihm nicht mehr helfen können und dass der Tierarzt ihn mit einer Spritze einschläfern wird. Ich musste so weinen! Ich konnte gar nicht aufhören. In der Zwischenzeit kamen auch Ruben und Zippi von der Schule nach Hause. Alle weinten. Mama auch. Aber ich am meisten. Dann sagte Mama: „Schirel, ich spüre, dass Fero gar nicht möchte, dass du so traurig bist. Es tut ihm weh, wenn du so schluchzt."

Als der Tierarzt ankam, war er gar nicht überrascht, dass wir alle weinten. Er sagte: „Ich sehe, dass ihr euch sehr gut um euren Hund gekümmert habt. Er hatte es gut bei euch, wenn ihr ihn so lieb habt."

Papa, Maja und Samuel waren nicht zu Hause, als es passierte. Aber sie wussten alles, weil wir jeden von ihnen angerufen hatten. Fero war ein Teil unserer Familie gewesen. Samuel zeigte uns dann einen Vers aus den Psalmen, wo steht, dass Gott Menschen und Tiere erretten wird.[4]

Noch am gleichen Abend rief Mama Tante Deborah an. Sie wollte mit mir reden.

„Tante Deborah, denkst du, dass Tiere im Himmel sein werden?", fragte ich sie.

„Ohne Tiere kann ich mir den Himmel gar nicht vorstellen", sagte sie. „Solche wunderschönen Geschöpfe!"

Mama schrieb dann für uns alle, aber hauptsächlich für mich, dieses Gedicht:

Ein weißer Hund mit schwarzer Nase,
ein braunes Huhn, ein schwarzer Hase,

ein Ohr nach oben, ein Ohr nach unten
es gab auch Fische, die kleinen bunten,

Schildkröte, Ratte, Katz und Maus,
Tarantel, Kröte, Vogelhaus.

Sie waren Freund, manchmal auch Feind.
Warum denn das? Ob Futterneid?

Die Liebe geht ja durch den Magen,
das würden sie euch alle sagen.

Es war 'ne Ehre, sie zu kennen,
es fiel uns schwer, uns dann zu trennen.

Ich kann sie gar nicht alle nennen,
für die verflossen viele Tränen.

Wir sehen uns, ich weiß, ich spüre,
was wär der Himmel ohne Tiere?

Ich glaube fest, schon jetzt, schon hier:
Gott rettet beide, Mensch und Tier.

Inhalt

Erklärungen

[1] Am Passafest wird ein liturgisches Buch, die *Hagada,* vorgelesen. Dort kommen die vier Kinder vor.

[2] Muchammad ist ein typisch arabischer Name, Rut ein typisch jüdischer Name.

[3] Im Andenken an das Wunder, das acht Tage gedauert hat, zündet man jeden Abend eine weitere Kerze am achtarmigen Leuchter, der *Chanukkia* heißt, an.

[4] Psalm 36,7